Aprendiendo a Desaprender

Un Viaje Consciente hacia la Felicidad

Por: David Scott Yglesias

Primera Edición 2024

11402 NW 41 St, Suite 225

Doral, FL, USA 33178

© Copyright 2024 by Energy Yoga LLC

Todos los derechos reservados. Ninguna parte de este libro puede ser reproducida o transmitida en ninguna forma o por ningún medio, electrónico o mecánico, incluyendo fotocopiado, grabación, o mediante un sistema de almacenamiento y recuperación de información, excepto por un revisor que pueda citar breves pasajes en una reseña que se imprimirá en una revista o periódico, sin permiso por escrito del editor.

Para cualquier solicitud, por favor contacte a: **info@energyyoga.com**

DEDICATORIA

Este libro está dedicado a todos aquellos que han encendido la llama de mi espíritu durante los momentos en que los desafíos de la vida oscurecieron momentáneamente su brillo. Su apoyo inquebrantable y su amor incondicional han sido una luz guía para mí, incluso cuando luchaba por encontrarla dentro de mí mismo.

Espero que 'Aprendiendo a Desaprender' sirva como un faro de sanación, iluminando las falsedades que nos agobian y causan dolor y sufrimiento innecesarios en nuestras vidas.

Si estás leyendo esto, estas palabras están dedicadas a ti con sincero agradecimiento. Que sirvan como una antorcha guía, iluminando tu camino único a través del viaje de la vida.

Un agradecimiento especial a mi maravillosa esposa, Yenni, por su apoyo incondicional y paciencia conmigo, a lo largo de la creación de este libro.

Un agradecimiento a Dianela Urdaneta por traducir este libro al Español.

Con Amor y Gratitud,

David Scott Yglesias

Tabla de Contenidos

DEDICATORIA 4

PREFACIO 10

INTRODUCCIÓN 11

CAPÍTULO UNO - 14

SOY QUIEN SOY 14

   La Historia de – "El León que creció como una OVEJA" 15

   La Historia de - "Construyendo fuerza a través de la lucha" .. 18

   La Historia de - "El Telar del Tejedor" 23

CAPÍTULO DOS – 26

LO QUE VES ES LO QUE OBTIENES 26

   La Historia de – "La Poción contra el Monstruo Escondido" ... 29

   La Historia de - "Las Dos Flechas" 37

   La Historia de – "El Cuento de Las Dos Aldeanas" 40

   La Historia de – "Las Arenas de la Impermanencia: El Viaje de un Mandala" 43

CAPÍTULO TRES – 46

VACIAR LA MENTE DE PENSAMIENTOS 46

   The Historia de – "La Mente de Mono" 48

   La Historia de – "Los Dos Viajeros y el Sembrador" 53

CAPÍTULO CUATRO – **55**

SI OBTENGO _____, FINALMENTE SERÉ FELIZ.................. **55**

    La Historia de – "Un Hombre en Busca de Una Luz" 56

    La Historia de – "Las Vacas Desaparecidas" 59

    La Historia de – "El Buda Dorado" 64

CAPÍTULO CINCO – **66**

QUIEN MUERE CON MÁS JUGUETES GANA................................ **66**

    La Historia de – "Menos es Más"..68

CAPÍTULO SEIS – **70**

LA PRÁCTICA HACE AL MAESTRO **70**

    La Historia de - "Wabi-Sabi: La Belleza en La Imperfección".72

    La Historia de – "La Imperfección no es una barrera, sino un puente hacia la Iluminación"..75

    La Historia de – "Un Camino Floreció a Partir de la Imperfección"..78

CAPÍTULO SIETE - **80**

EL FUERTE SE AFERRA, MIENTRAS EL DÉBIL SE RINDE.................. **80**

    La Historia de - "La Flor de Loto en el Estanque Turbio".......86

    La Historia de - "El Dilema del Mono".................................89

CAPÍTULO OCHO – **94**

PODEMOS JUZGAR UN LIBRO POR SU PORTADA...................... **94**

La Historia de - "El Ladrón de Galletas" 96

La Historia de – "El Conejo Muerto" 100

CAPÍTULO NUEVE - 103

La Historia de – "Rompiendo Patrones de Sufrimiento" 108

CAPÍTULO DIEZ - 112

HAZ A LOS DEMÁS ANTES DE QUE ELLOS TE LO HAGAN A TI 112

Historia de – "Cristales y Chocolates: Un Cuento de Amistad y Fe" 115

CAPÍTULO ONCE - 118

TODO LO MALO ME PASA A MÍ 118

La Historia de - "Quemando Nuestros Barcos"." 120

La Historia de – "Somos el Cielo y no las Nubes" 125

CAPÍTULO DOCE - 127

TOMA EL CAMINO DE MENOR RESISTENCIA 127

CAPÍTULO TRECE - 131

NUNCA PUEDES TENER SUFICIENTE 131

CAPÍTULO CATORCE - 136

MANTÉN TU MIRADA EN EL PREMIO 136

La Historia de - "El Buscador de Lotos" 137

CAPÍTULO QUINCE - 140

ALGUNOS VÍNCULOS SON MUY FUERTES PARA ROMPER...............140

CAPÍTULO DIECISÉIS - 145

SOLO LOS FUERTES SOBREVIVEN 145

CAPÍTULO DIECISIETE - 150

LA BELLEZA SE DESVANECE, PERO LA IGNORANCIA ES PARA SIEMPRE
....150

CAPÍTULO DIECIOCHO - 154

ES MEJOR RECIBIR QUE DAR 154

La Historia de – "Los Dos Mares".. 156

CAPÍTULO DIECINUEVE - 158

SI NO TE GUSTA LA RESPUESTA, HAZ OTRA PREGUNTA...............158

CAPÍTULO VEINTE - 162

LA ÚNICA MANERA DE DETENER EL CAMBIO ES RESISTIRLO 162

CAPÍTULO VEINTIUNO - 167

NO ES MI CULPA 167

La Historia de – "Hay un agujero en MI acera" 169

CAPÍTULO VEINTIDOS - 171

LOS GOLPES CONTINUARÁN HASTA QUE LA MORAL MEJORE 171

EPÍLOGO 178

CURSOS DE ATENCION PLENA Y FORMACIÓN DE PROFESORES DE YOGA 180

SOBRE EL AUTOR 181

David Scott Yglesias 181

PREFACIO

Hace muchos años, tropecé con un libro que cambiaría para siempre mi perspectiva: "Zen and the Art of Happiness", de Chris Prentiss. Era engañosamente simple, pero su sabiduría resonaba profundamente en mí. Cada vez que la vida me abrumaba, recurría a sus páginas y, como un bálsamo calmante, elevaba mi espíritu.

Ahora, al ofrecerte mi libro, "Aprendiendo a Desaprender", espero que también se convierta en un faro de luz para ti. Si toca tu corazón, te pido humildemente que lo compartas con otros; que su sabiduría se propague por un mundo que a menudo lucha contra sombras. Este libro es más que tinta en papel; es una recopilación de las Charlas del Dharma - la esencia misma de mis clases de yoga y meditación en Energy Yoga and Wellness Center en Miami, Florida. Algunas son recreaciones de historias antiguas, transmitidas oralmente, mientras que otras son creaciones modernas que utilizan la filosofía de la atención plena.

Si alguna vez te encuentras en nuestra hermosa ciudad, considera esta una invitación abierta. Únete a una clase, respira con nosotros y deja que nuestra energía colectiva te envuelva. También puedes disfrutar reservando una Sesión de Masaje Energético Sanador conmigo, para relajarte y restaurarte. Para aquellos que ya han compartido espacio en el mat conmigo, estas historias les resultarán como viejos amigos, un reconfortante retorno al corazón de nuestro estudio, donde las almas hermosas se reúnen.

Que este libro sea tu brújula, guiándote hacia la paz interior y la luz que reside dentro de ti.

INTRODUCCIÓN

En la vasta extensión de la conciencia humana, existe un reino donde la realidad y la ilusión a menudo se entrelazan, lo que puede desviarnos en nuestro camino hacia la felicidad. Este libro, arraigado en los principios eternos del yoga y la atención plena, sirve como un faro de luz para ayudarte a regresar a tu camino consciente.

Yoga- una práctica antigua, es más que solo posturas físicas. Es una filosofía y una ciencia, un modo de vida que trasciende el mat. Mientras estamos en el mat, en nuestra práctica, el yoga nos enseña que en su forma más elevada no es el dominio del cuerpo físico, sino más bien el dominio de la mente, utilizando la auto-observación, sin juicio. El yoga utiliza el cuerpo como una herramienta para fortalecer la mente.

Eckhart Tolle sabiamente aconsejó: "Interésate al menos tanto por lo que sucede dentro de ti como por lo que ocurre afuera. Si arreglas lo de adentro, lo de afuera se pondrá en su lugar". A medida que desprendemos las ilusiones del yo, estas se disuelven, desaparecen y se retiran, al igual que la oscuridad se dispersa cuando es iluminada por la atención plena. En este libro, nuestro objetivo es ayudarte a eliminar el polvo emocional que se ha asentado en el espejo de tu alma, permitiéndote percibirte a ti mismo y al mundo que te rodea, una vez más, con claridad.

En el antiguo libro, los Yoga Sutras de Patanjali, en el Sutra 1.2, se afirma: "Yogas citta vritti nirodhah", que puede traducirse como "El yoga es la cesación de las fluctuaciones de la mente". En pocas palabras, el objetivo del yoga es aprender a controlar la mente, en lugar de que la mente nos controle a nosotros.

En nuestra práctica aprendemos que a menudo es mucho más fácil liberar nuestras caderas apretadas que liberar nuestra mente. La parte menos flexible del cuerpo humano es de hecho la mente; por eso aprender a desaprender es la forma más elevada de aprendizaje. Si podemos descubrir herramientas para eliminar estas ilusiones o creencias, nuestra mente puede volverse infinita. Las posibilidades de lo que podemos evolucionar y crear solo estarán limitadas por nuestra imaginación.

Al convertirnos en el observador, nos volvemos conscientes y, lo más importante, adquirimos la capacidad de desaprender. Desaprender no se trata de olvidar. Se trata de dejar ir las falsas verdades, las ilusiones que hemos aceptado como nuestra realidad. Estas ilusiones, a menudo establecidas para protegernos o controlarnos, pueden convertirse en barreras para nuestra felicidad.

Este libro es tu compañero en el proceso de desaprender. Desafiará tus percepciones, cuestionará tus creencias e te invitará a ver el mundo desde una perspectiva diferente. Te guiará a despojar las capas de ilusión, una por una, para revelar la verdadera esencia de tu ser.

Recuerda, el camino hacia la felicidad no consiste en buscarla en el mundo externo, sino en darte cuenta de ella dentro de ti mismo. Buda dijo que "Aprender a desaprender es la forma más elevada de aprendizaje". No se trata de aprender cosas nuevas, sino de desaprender aquello que no es verdadero. Mientras pasas las páginas, espero te embarques en el viaje más gratificante de todos: el viaje interior.

CAPÍTULO UNO – SOY QUIEN SOY

En los rincones tranquilos de nuestras mentes, albergamos una creencia, un pacto no dicho con nosotros mismos, de que somos seres estáticos. Aceptamos las etiquetas que nos imponen: "introvertido", "artista", "ingeniero", "fracasado", "exitoso". Estas etiquetas, como tinta invisible, se filtran en nuestra conciencia, moldeando nuestra autoimagen y dictando nuestras elecciones. Pero ¿qué pasaría si descubriéramos que estas etiquetas son meras ilusiones, velos frágiles que ocultan una realidad más profunda?

"Todo el mundo es un genio. Pero si juzgas a un pez por su habilidad para trepar a un árbol, vivirá toda su vida creyendo que es estúpido" - atribuido frecuentemente a Albert Einstein

La Historia de – "El León que creció como una OVEJA"

Una leona preñada, hambrienta y desesperada, deambulaba por el borde del bosque cerca de un prado. Se quedó dormida con un rugido de dolor y hambre, abrumada por el cachorro de león en su vientre. Se despertó al sonido de un rebaño de ovejas pastando en el césped.

Ignorando al pesado cachorro de león en su vientre, y conducida por el frenesí del hambre, la leona saltó sobre una de las ovejas jóvenes y la arrastró hacia el bosque. La leona no notó que durante su salto había dado a luz al cachorro de león.

El rebaño de ovejas estaba tan aterrorizado por el ataque de la leona que no pudieron huir. Cuando la leona se fue y el miedo había disminuido, se sorprendieron al encontrar al indefenso cachorro de león gimiendo entre ellos. Una de las madres ovejas sintió lástima por el cachorro de león y lo adoptó como propio.

El joven león creció entre las ovejas actuando como una oveja. El león-oveja balaba en lugar de rugir y comía hierba en lugar de carne. Este león herbívoro se comportaba como una oveja tímida y gentil.

Un día, otro león salió del bosque cercano hacia el prado verde y, para su deleite, vio este rebaño de ovejas. Emocionado y hambriento, el gran león persiguió al rebaño de ovejas, cuando, para su sorpresa, vio a un enorme león, con la cola en alto, corriendo tan rápido como podía delante de las ovejas. Olvidando su hambre, corrió y atrapó al león que huía. El león-oveja colapsó de miedo. El gran león estaba más confundido que nunca y golpeó al león-oveja para despertarlo. Con voz profunda le regañó: "¿Qué te pasa?! ¿Por qué, hermano mío, corres de mí?"

El león-oveja cerró los ojos y baló en el lenguaje de las ovejas: "Por favor, perdóname. No me mates. Solo soy una oveja criada con ese rebaño". Agarró al león-oveja por la melena con sus poderosas mandíbulas y lo llevó a un lago al final del prado. Cuando el gran león llegó a la orilla del lago, empujó la cabeza del león-oveja para que se reflejara en el agua.

El gran león le dio un fuerte sacudón al león-oveja. El león-oveja abrió los ojos y se quedó atónito al ver que el reflejo de su cabeza no era, como pensaba, la cabeza de una oveja sino la de un león, como la del león que lo estaba sacudiendo con su pata. Entonces el gran león dijo: "Mira mi cara y tu cara reflejadas en el agua. Son iguales. Mi cara ruge. ¡Ahora! ¡Debes rugir en lugar de balar!"

El león-oveja, convencido, intentó rugir, pero solo pudo emitir rugidos mezclados con balidos. A medida que el gran león lo instaba con patadas, el león-oveja finalmente logró rugir. Entonces ambos leones saltaron por el prado, entraron en el bosque y regresaron a la cueva de los leones. (La historia de un león que crece creyendo que es una oveja es una fábula clásica a menudo atribuida a la Poesía sufí)

La historia es una gran metáfora para todos nosotros que balamos con miedo y vivimos toda nuestra vida en miedos: miedo al fracaso, miedo a perder una relación, miedo a cualquier cosa. Puedes vivir en el miedo o puedes vivir con confianza. De cualquier manera vivirás, pero con una gran diferencia en la calidad de vida.

Puedes vivir acobardado en inseguridades, o puedes vivir con una deslumbrante autoconfianza que puede mover montañas. No seas un león con alma de oveja. Eso es un desperdicio para ambos. ¡No darte cuenta de tu máximo potencial es lo peor que puedes hacer (y podrías arrepentirte cuando envejezcas)! ¿Por qué elegirías tal vida para ti mismo? Ve y exprésate completamente.

"Un cobarde muere mil veces antes de su muerte, pero el valiente saborea la muerte solo una vez". - William Shakespeare

DESPOJANDOTE DE VIEJAS PIELES: El sufrimiento

Reescribe tu narrativa y emerge renovado

Crecemos escuchando que nacemos con un conjunto fijo de rasgos, un plan inalterable grabado en nuestro propio ADN. "Eres igual que tu padre", dicen, como si nuestra esencia estuviera tallada en piedra. Pero considera a la oruga: una humilde criatura que se transforma en mariposa. Su metamorfosis desafía su forma original, revelando el potencial latente dentro de ella. Las alas de la transformación se forman tanto con paciencia como con lucha. De manera similar, nosotros también poseemos el poder de despojarnos de viejas pieles, reescribir narrativas y emerger renovados.

La Historia de - "Construyendo fuerza a través de la lucha"

"La transformación puede ser desordenada o puede ser hermosa, pero usualmente es ambas cosas".

- David Scott

Érase una vez, en un prado bañado por el sol, en donde una delicada mariposa comenzó su milagrosa transformación. Dentro de los confines de su crisálida (similar a un capullo), experimentó una metamorfosis que daría forma a su destino.

La crisálida, aferrada a una rama delgada, se balanceaba suavemente en la brisa. La futura mariposa estaba envuelta en su interior, su forma oculta por capas de seda. El mundo exterior bullía de vida mientras los pájaros cantaban, las flores florecían y un niño, curioso y de buen corazón, vagaba entre la hierba.

Su nombre era Liam, y tenía afinidad por explorar las maravillas naturales que lo rodeaban. En esta cálida mañana, tropezó con la crisálida. Su superficie iridiscente brillaba como un tesoro secreto. Los ojos de Liam se abrieron de par en par con asombro. Sabía que algo mágico estaba a punto de ocurrir.

Liam observó cómo la crisálida se estremecía, sus paredes temblaban de anticipación. Se imaginó la mariposa en su interior, luchando por liberarse. La compasión brotó en él. "No estás sola", susurró. "Te ayudaré".

De su bolsillo, Liam sacó un pequeño cuchillo, una posesión preciada heredada de su abuelo. Con manos temblorosas, cortó delicadamente su pared, revelando la forma arrugada de la mariposa. Sus alas, una vez dobladas firmemente, ahora estaban expuestas.

Pero cuando la mariposa emergió, algo no estaba bien. Sus alas eran pálidas y débiles, careciendo de los colores vibrantes y la fuerza que esperaba. En lugar de remontarse hacia el cielo, se arrastraba por la rama, sus movimientos tentativos e inciertos. El corazón de Liam se hundió.

"¿Por qué no puedes volar?" preguntó, su voz apenas audible. El frágil cuerpo de la mariposa temblaba, y sus ojos se encontraron con los de Liam. En ese momento, él entendió. La lucha, el simple acto de liberarse, era esencial. Era la forma de la naturaleza de construir resiliencia, de forjar fuerza.

Liam se sentó junto a la mariposa, observando cómo desplegaba sus alas. Se maravilló de los intrincados patrones grabados en ellas, las delicadas venas que llevaban vida. "Necesitas luchar", instó. "Tus alas ganarán poder a través de la lucha".

Los días pasaron, y Liam cuidó de la mariposa, tratando lo mejor que pudo de ejercitar sus alas. Ofreció gotas de néctar y susurros de ánimo. Pero aún así, no podía volar. Sus alas seguían siendo frágiles, y su espíritu se desvanecía. Liam sintió una profunda tristeza. ¿Había privado a la mariposa de su destino?

Entonces, una mañana, mientras el sol pintaba el cielo con tonos dorados, la mariposa se movió. Sus alas temblaron, y Liam contuvo el aliento mientras la colocaba en una rama. Lentamente, muy lentamente, se elevó de la rama. El aire la elevó hacia arriba, y el corazón de Liam se elevó junto a ella.

La mariposa rodeó a Liam, sus alas creciendo más fuertes con cada aleteo. Danzó entre las flores, un caleidoscopio viviente de colores. Liam se rio. Con lágrimas en los ojos, susurró: "Lo lograste". "Tu lucha te hizo fuerte".

Y así, la mariposa floreció. Se elevó a grandes alturas, con sus alas llevándola a través de prados y montañas. Liam observaba, sabiendo que los desafíos de la vida eran como crisálidas, a veces confinantes, a menudo dolorosos, pero siempre transformadores. Todos los logros valiosos son difíciles antes de volverse fáciles.

En los momentos de quietud, recordaba la lección de la mariposa: la fuerza emerge de la lucha. Así como las alas de la mariposa ganaron poder a través de la adversidad, también lo hizo su propio espíritu. Liam llevaba esta sabiduría consigo, un recordatorio de que las dificultades de la vida no eran obstáculos, sino escalones hacia la resiliencia.

A menudo, al encontrar y tocar nuestras heridas, encontramos nuestro propósito. Durante estos períodos de transformación y metamorfosis, es como si nos perdiéramos y nos encontráramos al mismo tiempo. Tal vez hemos estado en el camino durante tanto tiempo que comenzamos a aceptar que este es nuestro destino. Los obstáculos en nuestro camino se convierten en el camino y creemos "Soy quien soy, estoy atrapado", pero esto no es necesariamente así.

La sociedad susurra expectativas en nuestros oídos, el guion que debemos seguir. Algunos declaran que "Los doctores no bailan" o "Los artistas no pueden ser prácticos". Internalizamos estos guiones, temiendo desviarnos. Sin embargo, la historia rebosa de rebeldes que desafiaron sus roles prescritos. El matemático que compuso sinfonías, la ama de casa que se convirtió en la autora más vendida, ellos rompieron la cámara de eco. Nuestra identidad no necesita ser un eco, porque nosotros tenemos una voz.

Carl Jung escribió: "No soy lo que me pasó, soy lo que elijo ser". Nunca somos demasiado viejos, y nunca es demasiado tarde para hacer cambios duraderos en nuestra vida. Siempre estamos en un nuevo punto de partida. Nuestro pasado nos ha moldeado, como el barro en manos de un alfarero, pero no determina nuestro destino. La vida se trata de remendar y volver a calibrar constantemente. No todo lo que se enfrenta se puede cambiar, pero nada puede cambiar hasta que se enfrenta.

La vida, al igual que un barco que se embarca en un viaje transatlántico, es un viaje de descubrimiento y propósito. Partimos de nuestro puerto metafórico de Nueva York, nuestros sueños y aspiraciones apuntando hacia costas lejanas. Nuestro destino es Londres, una ciudad de oportunidad, crecimiento y realización. Pero el viaje rara vez es una línea recta. Es un baile con los elementos, un delicado equilibrio entre la intención y la adaptación.

Mientras nuestra nave se desliza por la vasta extensión de la existencia, encontramos vientos en contra y corrientes cruzadas. Los vientos del cambio nos golpean, amenazando con desviarnos del curso. Sin embargo, es en estos momentos cuando nuestro destino depende de los ajustes más pequeños: los cambios sutiles en nuestras velas, la recalibración de nuestra brújula.

Considera al marinero que, en lugar de luchar contra el viento, ajusta el ángulo de las velas. Con cada ajuste, el barco se acerca un poco más a su camino previsto. De manera similar, en la vida, son las pequeñas elecciones, los ajustes diarios, los que moldean nuestra trayectoria. La decisión de despertar un poco más temprano, de leer ese libro inspirador, de extender amabilidad a un extraño, todas estas acciones aparentemente insignificantes se acumulan como ondas en un vasto océano.

Pero ¿qué pasa si ignoramos los vientos y corrientes? ¿Qué pasa si navegamos a ciegas, ajenos a las fuerzas que dan forma a nuestro viaje? El barco, una vez destinado a Londres, se desvía del curso. Las costas heladas de Islandia se perfilan en el horizonte, un recordatorio sombrío de las consecuencias de ignorar nuestras correcciones de rumbo.

Nuestro destino, también, depende de reconocer los vientos de las circunstancias: los contratiempos inesperados, los encuentros fortuitos, las tormentas que ponen a prueba nuestra determinación. Estas no son desviaciones; son invitaciones a volver a calibrar. Tal vez una oportunidad perdida nos lleva a una mejor. Quizás un desvío revele tesoros ocultos en el camino.

Volver a calibrar no se trata de abandonar nuestros sueños; se trata de alinearlos con la realidad. Es reconocer que las corrientes de la vida son tan esenciales como nuestras intenciones. Aprendemos a navegar contra la adversidad, a ajustar nuestras velas cuando sea necesario, y a navegar por las estrellas del propósito.

Imagina la identidad como una brújula, no como un punto fijo. Cada decisión vuelve a calibrar nuestra dirección. Elegimos nuestras afiliaciones, pasiones y búsquedas. El estudiante se convierte en maestro, el escéptico en creyente. El poder no radica en las coordenadas iniciales, sino en las correcciones de curso que hacemos. Podemos pivotar, redefinir y forjar nuevos caminos. El artista puede aprender cálculo; el ingeniero puede escribir poesía. El lienzo de la identidad espera nuestros trazos.

La vida susurra, "No estás atrapado". La oruga conoce este secreto: la transformación no es traición; es evolución. Despoja tu vieja piel, abraza la incertidumbre y baila con el cambio. El artista puede convertirse en ingeniero; el ingeniero puede encontrar consuelo en el arte. El poder de reinventarse reside dentro de nosotros, esperando nuestro consentimiento.

Rumi escribió: "No soy este cabello, no soy esta piel, soy el alma que vive dentro". El Vedanta, basado en la doctrina de los Upanishads, enseñó que el verdadero propósito de la vida es la realización de la propia naturaleza esencial o "yo verdadero". Es finalmente darse cuenta de que no eres esa cara que te mira por la mañana cuando te cepillas los dientes; eres el puro y siempre libre Atman.

En el hinduismo, Atman se refiere al verdadero yo o la esencia más interna de un individuo. A menudo se describe como la realidad eterna, inmutable y última que existe más allá del cuerpo físico y la mente. Eres un alma explorando libremente la Tierra en forma humana, empápate de la experiencia.

Entonces, querido viajero de la existencia, descarta el mito de la identidad fija. No eres un árbol enraizado en su lugar; eres un río tallando su curso. Abraza las corrientes, navega por las curvas y descubre la inmensidad de tu propio devenir.

La Historia de - "El Telar del Tejedor"

En un pequeño pueblo ubicado entre campos de arroz color esmeralda, vivía un tejedor llamado Ram. Sus dedos ágiles danzaban sobre el telar, creando intrincados patrones en seda y algodón. Ram estaba contento, tejiendo hilos en tapices que adornaban templos y hogares. Sin embargo, en lo más profundo, una inquietud tiraba de su corazón, un anhelo no expresado por algo más.

Una noche iluminada por la luna, mientras los grillos cantaban su antigua canción, Ram se sentó junto al banco del río. El agua susurraba secretos de tierras lejanas, y arriba las estrellas pintaban constelaciones. Se preguntaba sobre el propósito de su existencia. ¿Era la vida simplemente una serie de hilos tejidos juntos, o había un gran diseño esperando desplegarse?

En el corazón del bosque se alzaba un antiguo árbol Bodhi, testigo silencioso de incontables estaciones y maestro del gran Buda mismo. Ram decidió buscar respuestas allí, como una vez lo había hecho el Buda. Envolvió su telar en un paño, lo colgó sobre su hombro y emprendió una peregrinación.

Los días se convirtieron en semanas mientras caminaba descalzo por densos bosques y senderos rocosos. Sus pies se llenaron de ampollas, pero su determinación permaneció inquebrantable. Finalmente, llegó al sagrado árbol Bodhi. Sus raíces retorcidas parecían anclarlo a la eternidad.

Ram se sentó con las piernas cruzadas, su telar junto a él. Cerró los ojos, buscando consuelo en el silencio. Los días se difuminaron en semanas, y ayunó, sobreviviendo con el néctar del rocío matutino. Su mente giraba como el río durante el monzón, lanzando preguntas como hojas atrapadas en un remolino.

Una madrugada, mientras los primeros rayos besaban las hojas del Bodhi, Ram escuchó un susurro. Emergió un monje, una sonrisa serena grabada en su rostro curtido. Sus ojos contenían galaxias de sabiduría. Ram se inclinó, y el monje le hizo un gesto para que se sentara.

"Ram", dijo el monje, "buscas recalibración: el ajuste fino del telar de la vida. Cada hilo que tejes importa. Pero recuerda, el telar mismo necesita alineación".

Ram escuchaba, con el corazón latiendo. "¿Cómo recalibro, venerado"?

El monje se inclinó más cerca. "Observa los hilos: las elecciones que haces. ¿Están tejidos con compasión, amabilidad y atención plena? ¿O se deshilachan con ira, codicia e ignorancia"?

Ram miró su telar. Hilos de alegría, tristeza, amor y arrepentimiento se entrecruzaban, formando patrones que no podía descifrar.

"Cada hilo", continuó el monje, "es una oportunidad para recalibrar. Cuando la ira tira, suavízala con perdón. Cuando la codicia jala, teje generosidad. Cuando la ignorancia nubla, busca sabiduría".

Ram asintió. "Pero ¿qué hay del destino? ¿Somos meros tejedores o parte de un diseño cósmico"?

El monje se rio. "El destino es ambos: hilos que heredamos e hilos que hilamos. El telar es tu navío, las elecciones tu brújula. Ajusta las velas, Ram. Los vientos del karma soplan, pero tú diriges".

Ram pasó meses bajo el árbol Bodhi, desentrañando la tela de su vida. Rehiló los hilos, remendando viejas heridas, cosiendo propósito en cada momento. Su telar se convirtió en un altar, un espacio sagrado donde la intención se encontraba con la acción.

Una madrugada, mientras las gotas de rocío se aferraban a las hojas, Ram se paró frente al árbol Bodhi. Su telar yacía a sus raíces. El monje apareció, con los ojos brillantes.

"La recalibración no es un gran gesto", dijo el monje. "Es el susurro de un hilo, el giro de una aguja. Hoy, teje de nuevo".

Ram regresó a su pueblo con su telar más ligero. Tejió compasión en cada puntada, gratitud en cada nudo. Los aldeanos se maravillaron con la vitalidad de sus creaciones y los colores del despertar.

Y así, Ram aprendió que la recalibración de la vida no estaba en horizontes distantes, sino en el momento presente. Cada hilo, cada elección, recalibraba su destino. El árbol Bodhi susurraba: "Teje bien, querido Ram. Tu tapiz toca la eternidad".

Y así, el tejedor se convirtió en un sabio, y su telar en un recipiente para la iluminación. El río llevó su historia río abajo, donde otros buscadores escucharon, sus corazones resonando con la antigua verdad: Pequeños ajustes hoy recalibran nuestro destino, tejiéndonos más cerca del tejido de la existencia.

CAPÍTULO DOS –
LO QUE VES ES LO QUE OBTIENES

En la quietud de nuestra existencia, pisamos sobre los delicados hilos de la ilusión. Nuestras vidas, como intrincados tapices, están tejidas con hilos de verdad y espejismo. El Buda, en su profunda sabiduría, iluminó el camino hacia discernir la realidad de la ilusión, un camino que nos llama incluso hoy.

En Sánscrito, la palabra "maya" significa ilusión. Nuestros mundos son reinos caleidoscópicos, brillando con ilusiones. Maya, el velo cósmico, cubre nuestros sentidos, oscureciendo la esencia de la existencia. Confundimos lo transitorio con lo eterno, lo temporal con lo atemporal. Sin embargo, debajo de este velo yace la verdad, el núcleo inmutable de nuestro ser.

Bailamos sobre el escenario del yo, adornados con máscaras de identidad. Estas máscaras, creadas por el ego, el miedo y el deseo, ocultan nuestra naturaleza auténtica. Creemos ser entidades separadas, aisladas, olvidando que somos olas en el vasto océano de la conciencia. El Buda susurró, "Anatta", nuestro ego mismo es impermanente. No somos nuestro ego. No es nuestra verdadera identidad; más bien, sirve como un guardián equivocado, acompañándonos en el viaje de la vida en un intento de proteger nuestra alma. Cuando levantamos la máscara del ego, vislumbramos nuestra interconexión.

La ilusión prospera en nuestros apegos. Nos aferramos a tesoros impermanentes: relaciones, posesiones, elogios, como si fueran eternos. Sin embargo, el río de la impermanencia los arrastra.

Nuestras vidas son como castillos de arena construidos sobre las arenas movedizas del tiempo. A medida que cambian y suben las mareas, todas nuestras obras terrenales son lavadas de vuelta al mar cósmico del cambio. Venimos a este mundo con las manos vacías y nos vamos con las manos vacías y en el medio cuidamos del jardín de nuestra alma.

Durante mi infancia, cada vez que alguien mostraba un ego demasiado inflado, mi padre tenía una manera gentil de ofrecer perspectiva. Él decía,

'Recuerda hijo, los cementerios están llenos de aquellos que creían que eran irremplazables. Mantente humilde, y encontrarás la verdadera libertad'.

El Buda enseñó desapego, no indiferencia, sino libertad de aferrarse. Al soltar nuestro agarre, descubrimos liberación. Al soltar, somos libres. Pensar menos, sentir más es nuestro mantra.

Dentro de los rincones sombríos de nuestra conciencia, los miedos se multiplican, invisibles pero profundamente sentidos; miedos a la pérdida, a no ser suficientes, a aventurarse en lo desconocido. Estos miedos proyectan largas sombras, sembrando dudas sobre nuestras capacidades. Sin embargo, la sabiduría, forjada en el crisol caliente de los desafíos de la vida, ilumina nuestro camino. Nos enseña que podemos transformar nuestra relación con el miedo. Esta sabiduría actúa como un faro, atravesando la oscuridad para revelar que el miedo mismo es un espejismo, un mero reflejo de nuestros malentendidos.

A menudo albergamos creencias fundamentales tan profundamente arraigadas en nuestra psique que colorean nuestra percepción de la realidad. Al enfrentarnos a evidencia que desafía estas creencias, la perspectiva de abrazar esta nueva información puede ser desalentadora, si no imposible para algunos. Esta resistencia puede llevar a individuos a aferrarse más firmemente a sus convicciones originales, incluso cuando sospechan que estas creencias podrían estar equivocadas, en un intento de proteger su falso sentido de sí mismo.

Este choque entre creencias establecidas y hechos contradictorios da origen a la 'disonancia cognitiva', un estado de malestar mental. En un esfuerzo por mantener sus creencias centrales sin desafíos, los individuos podrían encontrarse racionalizando, ignorando, o incluso negando cualquier información que perturbe sus nociones preconcebidas.

Warren Buffet sabiamente dijo: "Cuando la ciencia demuestre que algo en lo que creemos fuerte o apasionadamente es falso, deberíamos anotarlo de inmediato, porque la mente humana hará todo lo posible para expulsarlo de nuestra memoria, (debido a la disonancia cognitiva) y lo olvidaremos en 15 minutos".

Nuestro viaje, luchado arduamente y marcado con cicatrices, nos lleva a la comprensión. Aprendemos a discernir las ilusiones brillantes del lecho de roca de la verdad. Una semilla solitaria plantada profundamente en la tierra debe tener la fe necesaria para elevarse a través de la oscuridad y alcanzar la luz del día, para florecer. Con cada paso, desmantelamos los mitos, revelando el núcleo luminoso, nuestra verdadera naturaleza interior.

La Atención plena se convierte en nuestro espejo. Lo miramos fijamente, observando pensamientos, emociones y sensaciones. Los reflejos cambian: lo efímero se vuelve transparente, lo ilusorio se desvanece. Vemos la danza de la impermanencia y, en esa visión, despertamos.

La forma en que te cuentas tu historia a ti mismo realmente importa. Tu cuerpo está escuchando todo lo que tu mente le está diciendo. Que podamos recorrer este camino con corazones abiertos, desentrañando ilusiones y abrazando la sabiduría que nos hace libres.

La Historia de – "La Poción contra el Monstruo Escondido"

Cuando mis hijos eran pequeños, mi hijo menor, John, tenía solo siete años y todas las noches, enfrentaba un adversario formidable: los monstruos que acechaban en las sombras. A medida que se acercaba la hora de dormir, sus ojos muy abiertos escudriñaban la habitación, buscando amenazas imaginarias. Debajo de la cama, dentro del armario, ningún rincón estaba a salvo de estos terrores nocturnos.

Corría hacia su lado, mi corazón hacía eco de su miedo. John se aferraba a su manta y temblando, derramaba sus preocupaciones. "Papá", susurraba, "ellos me persiguen. Los monstruos. Esperan hasta que cierro los ojos y luego se abalanzan".

Me sentaba en el borde de su cama y mi presencia era un escudo contra lo invisible. "No te preocupes, hijo", le aseguraba. "Me mantendré como un centinela. Ningún monstruo se atreverá a cruzarme y llegar hasta ti".

Pero las noches se convirtieron en semanas y las semanas en meses. El sueño de John permaneció inquieto, acechado por enemigos imaginarios.

Fue entonces cuando decidí aprovechar el poder notable de la mente: el efecto placebo. Después de todo, la creencia puede dar forma a la realidad, incluso si esa realidad nace del amor de un padre.

En mi práctica de yoga, preparaba mezclas de aceites esenciales para la relajación y sanación. Y así, me propuse a crear algo especial para John: una poción que desterrara a los monstruos de una vez por todas. Elegí aceite de almendra como vehículo, infundiéndolo con calmante manzanilla y relajante lavanda. El resultado: "La Poción contra el Monstruo Escondido", junto con una etiqueta que diseñé en mi computadora, usando letras góticas, con sombras.

Esa noche, mientras la luna se asomaba por la ventana, ungí las sienes de John con el elixir. Un toque suave en su tercer ojo y una promesa susurrada de protección. Sus párpados se cerraron con suavidad y, por primera vez en mucho tiempo, ningún grito atravesó la oscuridad. Los monstruos se habían retirado, derrotados por la magia del amor de un padre.

Llegó la mañana y los ojos de John brillaban. "¡Papá!", sonrió, "¡tu poción funcionó! No me molestó ningún monstruo anoche". Y así, nuestro ritual nocturno continuó: el ritual de La Poción contra el Monstruo Escondido. La habitación de John se convirtió en un santuario, protegido por aceites fragantes y una fe inquebrantable.

Con el pasar del tiempo, John superó su miedo. Los monstruos se desvanecieron en la leyenda y la botella de La Poción acumuló polvo. Pero nuestra colaboración no terminó ahí. John se convirtió en mi pequeño alquimista, ayudándome a mezclar aceites para mi estudio de yoga. Juntos, etiquetamos los frascos como "Aceites Namaste", infundiéndolos con esperanza e intención.

Nuestras mentes, como ves, son grandes creadoras. Lo que creemos da forma a nuestra realidad. Entonces, seamos conscientes de nuestras esperanzas, porque pueden manifestarse como magia o monstruos, dependiendo de dónde pongamos nuestra fe.

Y eso, amigos míos, es el encantador cuento de La Poción contra el Monstruo Escondido: una poción elaborada con amor, valentía y la alquimia de la imaginación de un niño.

"Lo que ves es lo que obtienes". Una frase sencilla, pero con profundas implicaciones. A medida que profundizamos en la práctica de la Atención Plena, una autoconciencia radiante comienza a surgir. Empezamos a reconocer que esta afirmación aparentemente sencilla, no es más que una de las muchas ilusiones que hemos tejido en nuestra conciencia: un tejido de creencias que ahora nos invitan a desaprender.

Ha sido susurrada por otros, grabada en nuestra psique y tal vez incluso utilizada como herramienta de control o conformidad. Nos hemos acostumbrado a aceptarla como una verdad absoluta, tal vez incluso resignándonos al papel de víctimas indefensas en este gran teatro de la existencia.

Sin embargo, cambiemos el enfoque. Reajustemos nuestro lente de percepción. En lugar de la más rígida, abracemos una verdad más matizada: "Lo que proyectamos, percibimos como nuestra realidad". El mundo no se desenvuelve ante nosotros como un lienzo sin adornos; más bien, danza a través del prisma de nuestra propia conciencia. Nuestras percepciones están coloreadas por los matices de nuestras experiencias: lo dulce y lo amargo, lo luminoso y lo sombrío.

Consideremos el lente de nuestro ego, el narrador que teje narrativas a partir de los hilos de la vida. Cada encuentro, cada alegría, cada desdicha deja su huella, como huellas dactilares en un espejo. Estas impresiones se acumulan, capa sobre capa, hasta que nuestra visión se vuelve velada por los grupos. No vemos el mundo tal como es, sino como somos, a través del caleidoscopio de nuestra propia historia. Si puedes cambiar la forma en que miras las cosas, las cosas que miras cambiarán. Con el tiempo, puedes cambiar a la persona que ve.

Leonardo da Vinci, con su sabiduría, una vez anotó en su cuaderno: "Todo nuestro conocimiento tiene su origen en nuestras percepciones. Asume que tu primera impresión de un problema está sesgada hacia tu forma habitual de pensar". Su consejo resuena a través de los siglos, instándonos a girar, a explorar ángulos alternativos, a vislumbrar el problema desde nuevos puntos de vista. En esta danza de perspectivas, emerge la claridad.

Y luego está Rumi, ese poeta místico que tejió verdad en versos: "Esta es una verdad sutil. Todo lo que amas, tú eres". Nuestros afectos, nuestros miedos, dominan nuestra realidad. El amor empodera, el miedo constriñe, y nuestras proyecciones dan forma al mismo tejido de nuestra existencia. Lo que empoderamos, manifestamos.

Entonces, sentémonos bajo el árbol Bodhi de nuestra propia conciencia. Despojémonos de las capas, desaprendamos los dogmas y contemplemos el mundo de nuevo. Porque en la danza de la proyección y la percepción, encontramos liberación: el dulce néctar del despertar.

Como humanos, nuestra percepción limitada de la realidad está determinada en gran medida por nuestros cinco sentidos: la vista, el oído, el gusto, el olfato y el tacto. Sin embargo, en comparación con muchos animales, nuestras capacidades sensoriales son algo limitadas.

Vista: Los humanos tienen uno de los sentidos de la vista más versátiles de la naturaleza, gracias a los cuatro tipos de fotorreceptores en nuestra retina (bastones y tres tipos diferentes de conos). Esto nos permite percibir entre 1 y 10 millones de colores. Sin embargo, algunos animales, como la Mariposa Moscardón común y el Camarón Mantis pavo real, tienen hasta 15 y 16 tipos distintos de fotorreceptores respectivamente. Los pájaros, por otro lado, tienen una vista superior a la nuestra, con las águilas superándonos en cuatro o cinco veces en agudeza visual.

Oído: Si bien los humanos tienen un sentido del oído decente (entre 20 Hz y 20,000 Hz), los perros, por ejemplo, pueden escuchar frecuencias que van desde 40 Hz hasta 60,000 Hz. Esto significa que los perros pueden escuchar sonidos a frecuencias mucho más altas que los humanos.

Gusto: Los perros también tienen un sentido del gusto diferente. Mientras que los humanos tienen alrededor de 9,000 papilas gustativas, los perros solo tienen alrededor de 1,700. Sin embargo, los perros tienen un receptor de gusto específico que los humanos no tienen, lo que les permite saborear el agua.

Percepción de luz ultravioleta: Las abejas y muchos otros insectos pueden ver la luz ultravioleta, que es invisible para los humanos. Esto les ayuda a localizar el néctar en las flores, ya que muchas especies de plantas tienen patrones en sus flores que solo se pueden ver en luz ultravioleta.

Detección térmica: Las serpientes, especialmente las víboras, pitones y boas, tienen un órgano sensorial altamente especializado conocido como Foseta loreal, que les permite detectar la radiación infrarroja de cuerpos cálidos hasta a un metro de distancia. Esto es algo que los humanos y muchos otros animales son incapaces de hacer.

Si bien los humanos poseen un conjunto de sentidos bien equilibrado que facilita la interacción efectiva con nuestro entorno, muchos animales poseen sentidos especializados que les ofrecen percepciones únicas y a menudo más intrincadas de la realidad.

Piensa cómo podría verse nuestro mundo si tuviéramos acceso a la gama completa de herramientas sensoriales presentes en otras criaturas. En cambio, nuestra percepción de la realidad sigue estando limitada por las limitaciones de la entrada que nuestros sentidos proporcionan a nuestros cerebros. Comprender esta realidad fomenta la apertura y flexibilidad en mi pensamiento, lo que me permite reconocer la inmensidad de lo desconocido. Me recuerda que hay reinos más allá de nuestra comprensión actual, fomentando un enfoque más humilde y abierto de la vida. No sabemos lo que simplemente no sabemos.

Cuando mis hijos eran pequeños, residíamos en la extensa zona rural del sur de la Florida, ubicada en Redlands. Nuestras tardes de Domingo seguían un preciado ritual: una peregrinación a Dairy Queen. Allí, nos regalábamos un helado mientras nos recostábamos en la cama de mi camioneta pickup, contemplando el cielo nocturno, participando en rondas de 'Veo, veo'.

Estoy bastante seguro de que has jugado al juego 'Veo, veo' antes, pero por si acaso, aquí tienes un recordatorio. Cuando juegas al juego "Veo, veo", un participante selecciona un objeto dentro de su entorno y proporciona una pista a los demás. La pista suele comenzar con la frase "Veo, veo con mi ojito", seguida de una descripción del objeto elegido. Por ejemplo: "Veo, veo con mi ojito algo verde"; o "Veo, veo con mi ojito algo redondo".

Los otros jugadores luego se turnan para adivinar qué objeto coincide con la pista dada. Es una forma maravillosa de interactuar con nuestro entorno y mejorar nuestras habilidades de observación.

Nuestra lucha con la percepción no radica en nuestra capacidad para ver, sino más bien en nuestra capacidad para retener lo que hemos presenciado. La lente de nuestros ojos captura cada detalle, haciéndolo indeleble. Sin embargo, nuestras mentes a menudo divagan, preocupadas por resolver problemas futuros inexistentes. Estos momentos fugaces de percepción rebotan en el espejo de la conciencia, deslizándose hacia el olvido.

'Veo, veo' resucita nuestra conciencia. De repente, el mundo que nos rodea vuelve a enfocarse. Incluso hoy, continúo este juego, paseando a mi perro por el camino familiar. Cada día, busco novedad dentro de la rutina: un tesoro escondido, un cambio sutil. No es que nuestros ojos nos fallen; más bien, nuestros corazones deben aprender a sentir de nuevo.

En nuestra clase de yoga, a menudo hablamos de reconectar con el niño interior que llevamos dentro. Al nacer, todo es una aventura maravillosa; exploramos el mundo con entusiasmo, probando, tocando y dejando nuestra marca en el lienzo de la existencia.

Según Sigmund Freud, entre las edades de 3 y 5 años, el ego comienza a tomar forma, marcando el amanecer de nuestra individualidad. A medida que crecemos, nos volvemos cada vez más conscientes de nuestros pensamientos, deseos y acciones, dando lugar al ego, un puente entre nuestros instintos primarios y las normas sociales.

Observé esta transformación de primera mano con mis propios hijos, cuando se adentraron en el ámbito de la autoexpresión y su independencia con su primer "no" desafiante. Es un viaje hacia la madurez, pero a menudo, en el proceso, dejamos atrás la inocencia y la maravilla pura de nuestro niño interior.

En nuestra práctica de yoga, nos esforzamos por avivar ese espíritu juvenil, volviendo a encender un sentido de apertura a la belleza ilimitada de la vida. Así que suelta las inhibiciones; atrévete a colorear fuera de las líneas y deja tus huellas en las paredes del tiempo... Está bien.

La Historia de - "Las Dos Flechas"

Los Budistas dicen que cada vez que sufrimos desgracias, dos flechas vuelan hacia nosotros. La primera flecha (dolor físico) es el evento negativo real, que de hecho puede causar dolor. La segunda flecha (dolor emocional) es el sufrimiento. Ese es en realidad opcional.

La segunda flecha representa nuestra reacción al evento negativo. Ser alcanzado por una flecha es doloroso. Ser alcanzado por una segunda flecha es aún más doloroso.

En la parábola de Las Dos Flechas, te imaginas caminando por un bosque. De repente, eres alcanzado por una flecha. Esto te causa un gran dolor. Pero el arquero no ha terminado, y puedes esperar una segunda flecha en tu camino. ¿Puedes evitar la segunda? Esa es la flecha de la reacción emocional. Esquiva la segunda al elegir conscientemente la atención plena. Te ayudará a evitar mucho sufrimiento.

El Buda explicó:

"En la vida, no siempre podemos controlar la primera flecha. Sin embargo, la segunda flecha es nuestra reacción a la primera. La segunda flecha es opcional".

Evita la Segunda Flecha

Entonces, ¿cómo evitas la segunda flecha? Primero, nota la primera flecha. Cuando estés en dolor físico, permítete sentirlo. Puedes notar tus flechas de otras maneras, como la frustración, la irritación y el dolor físico. A continuación, sé consciente y nota tu reacción emocional. Tal vez sea un deseo de gritar o quejarte con alguien. Tal vez te enojes contigo mismo y vuelvas tus emociones hacia adentro, sintiendo que no eres lo suficientemente bueno o que hay algo mal contigo.

Esta es la segunda flecha. Atrápate a ti mismo, agregando más dolor y sufrimiento. Finalmente, date crédito por reconocer y evitar la segunda flecha. Estás aprendiendo una nueva respuesta. Puedes liberar energía para circunstancias que puedes controlar. Sin embargo, también puedes ajustar tu reacción, incluso si no puedes controlar lo que te sucede.

Nos encontramos probablemente lidiando con la segunda flecha del sufrimiento muchas veces durante el día. La historia no trata de negar nuestra reacción inicial, sino más bien de tener la opción de cómo proceder. Con el tiempo, ser conscientes de esta elección y abstenernos de dispararnos innumerables segundas flechas, puede ayudarnos a liberarnos de mucho sufrimiento innecesario.

Soy estudiante de filosofía Budista y en su núcleo se encuentra la práctica de la aceptación. Está profundamente arraigada en la comprensión de la impermanencia de la vida y el sufrimiento inherente que acompaña a la existencia humana. La Segunda Noble Verdad del Budismo establece que "el deseo (o la avidez) es la raíz de todo sufrimiento". Esto se interpreta como querer que la realidad sea cualquier cosa menos lo que es; en otras palabras, una falta de aceptación.

La aceptación, en este contexto, no se trata de resignación pasiva o complacencia, sino más bien de reconocer y abrazar la realidad del momento presente. Se trata de entender que la vida es impredecible y que el cambio es la única constante. Cuando resistimos el cambio o nos aferramos a cómo solían ser las cosas, creamos sufrimiento para nosotros mismos. Por otro lado, cuando aceptamos el cambio y soltamos nuestro apego al pasado, podemos navegar las transiciones de la vida con mayor facilidad y menos sufrimiento.

Sin embargo, la aceptación no significa tolerar situaciones intolerables o resignarse a la injusticia o el daño. En cambio, se trata de reconocer qué está dentro de nuestro poder cambiar y qué no lo está.

El yoga nos enseña a cambiar las cosas en la vida que ya no deben ser toleradas y a soportar y aceptar aquellas cosas que simplemente no pueden ser cambiadas.

En situaciones donde el cambio es posible y necesario, la aceptación significa reconocer la realidad de la situación y luego tomar la acción apropiada. Se trata de ver las cosas como son, no como deseamos que sean, y luego tomar decisiones basadas en esta comprensión clara. En situaciones donde el cambio no es posible, la aceptación significa encontrar paz en medio de la incertidumbre y aprender a vivir con las cosas tal como son.

En ocasiones puedes encontrar un problema sin una solución aparente debido a nuestro actual conocimiento limitado de la realidad. Es aquí donde entra la aceptación y nos damos cuenta de que, por ahora, esto no es un problema que se deba resolver, sino una verdad que se debe aceptar. La sabiduría es cuando podemos discernir la diferencia entre cuando aferrarnos y cuando soltar.

La filosofía budista de la aceptación es una herramienta poderosa para navegar por las complejidades de la vida. Nos enseña a abrazar el cambio, a soltar lo que no podemos controlar y a tomar acción donde podemos. Es un camino hacia una mayor paz, comprensión y, en última instancia, liberación.

Si podemos cambiar la forma en que miramos las cosas, las cosas que miramos comienzan a transformarse. La atención plena no cambia cómo vemos el mundo, pero con práctica cambia a la persona que ve.

(La parábola de las Dos Flechas, conocida también como de La Segunda Flecha se atribuye al Buda y se encuentra en las escrituras Budistas. Esta enseñanza forma parte de los textos Budistas tempranos, específicamente en el Sallatha Sutta encontrado en el Samyutta Nikaya, una de las cinco colecciones del Sutta Pitaka en el Canon Pali.)

La Historia de – "El Cuento de Las Dos Aldeanas"

En una pequeña aldea ubicada entre las montañas y el mar, vivían dos mujeres, Ananda y Kali. Compartían el mismo pueblo, respiraban el mismo aire y contemplaban la misma realidad. Sin embargo, sus percepciones del mundo, moldeadas por sus experiencias pasadas, eran tan diferentes como el día y la noche.

Ananda, habiendo experimentado el amor y la bondad en su vida, veía el mundo como un lugar de luz, amor y abundancia. Veía al sol como un símbolo radiante de esperanza, las montañas como majestuosos guardianes de sabiduría y el mar como una fuente infinita de vida y posibilidades. Veía a los aldeanos como almas bondadosas, cada una con sus propios dones únicos para ofrecer al mundo.

Por otro lado, Kali, que había enfrentado adversidades y pérdidas, percibía el mundo como un lugar de oscuridad, miedo y escasez. Veía al mismo sol como una fuerza dura e implacable, las montañas como obstáculos insuperables y el mar como un vasto y aterrador desconocido. Veía a los aldeanos como competidores, cada uno en busca de su propia supervivencia.

Un día, un anciano y sabio monje visitó la aldea. Escuchó los relatos alegres de Ananda y las historias temerosas de Kali sobre la misma aldea. El monje sonrió y dijo: "Ambas viven en la misma aldea, sin embargo, la ven de manera tan diferente. Esto se debe a que no vemos el mundo como es, sino como somos. Nuestras percepciones no son la verdad, sino simplemente reflejos de nuestras experiencias pasadas y nuestro estado interno".

Continuó: "Ananda, tu mundo de luz, amor y abundancia es un reflejo del amor y la bondad que has experimentado. Kali, tu mundo de oscuridad, miedo y escasez es un reflejo de las adversidades y pérdidas que has enfrentado. Pero recuerden, estas son solo percepciones. No son la verdad absoluta".

El monje luego les enseñó el principio Budista de la aceptación. "Acepten el mundo como es, sin juicio, ni resistencia. Acepten sus percepciones, pero no se apeguen a ellas. Entiendan que no son la verdad, sino simplemente lentes a través de los cuales ven el mundo. Y lo más importante, sepan que tienen el poder de cambiar sus lentes, de cambiar sus percepciones y, así, de cambiar su mundo".

A partir de ese día, Ananda continuó difundiendo amor y alegría en la aldea, y Kali, con un nuevo entendimiento, comenzó su viaje para cambiar sus percepciones, transformando lentamente su mundo de oscuridad en uno de luz.

El Budismo nos enseña el principio de la aceptación, que consiste en reconocer y abrazar la realidad de nuestras vidas tal como son. Nos anima a aceptar las cosas que no podemos controlar, como la impermanencia de la vida, la inevitabilidad del envejecimiento y la presencia del sufrimiento. Esta aceptación no es una forma de resignación o derrota, sino más bien un entendimiento profundo que nos permite vivir en armonía con las realidades de la vida.

Sin embargo, la aceptación no significa que debamos tolerar la injusticia, el daño o cualquier forma de negatividad que tengamos el poder de cambiar. El Budismo también nos enseña sobre el poder de la acción y la importancia de realizar cambios positivos en nuestras vidas. Si hay aspectos de nuestras vidas que causan daño u obstaculizan nuestro camino hacia la iluminación, se nos anima a tomar medidas para cambiar estas circunstancias.

Por ejemplo, si estamos en una relación tóxica o en un trabajo insatisfactorio, el Budismo nos anima a tomar medidas para cambiar estas situaciones en lugar de aceptarlas pasivamente. Esto podría significar tener conversaciones difíciles, establecer límites, mudarse, buscar ayuda profesional o realizar cambios en el estilo de vida.

En resumen, el principio Budista de la aceptación consiste en encontrar un equilibrio entre aceptar las cosas que no podemos controlar y tomar acción para cambiar las cosas que podemos. Se trata de comprender la diferencia entre estas dos y tener la sabiduría para responder adecuadamente. Este delicado equilibrio es clave para encontrar paz y felicidad en nuestras vidas.

La Historia de – "Las Arenas de la Impermanencia: El Viaje de un Mandala"

En los recónditos parajes del Himalaya, dentro de los venerables muros de un monasterio tibetano, se desarrolla un ritual sagrado que manifiesta las profundas enseñanzas de la filosofía Budista y la esencia de la Atención Plena o Mindfulness. Esta historia comienza con un grupo de monjes, vestidos con vibrantes tonos de rojo y azafrán, que se embarcan en un viaje espiritual a través de la creación de un mandala, una representación simbólica del universo en asombroso detalle y color, meticulosamente elaborada a partir de granos de arena.

El proceso comienza con una ceremonia, invocando bendiciones divinas y estableciendo la intención de que el mandala sea un recipiente de sanación e iluminación. Los monjes, hábiles artesanos del espíritu, se reúnen alrededor de un área designada, con sus herramientas en la mano: embudos metálicos llamados Chak-pur, utilizados para guiar con precisión la arena. El diseño del mandala, un secreto celosamente guardado revelado solo a aquellos que han dedicado sus vidas al camino, se despliega en un intrincado plano, una guía para la representación cósmica que están a punto de crear.

Durante las semanas siguientes, el monasterio está envuelto en un profundo silencio, interrumpido solo por el suave roce del Chak-pur y el ocasional canto, un mantra para enfocar la mente e infundir al mandala con energía sagrada. Los monjes trabajan con una concentración inquebrantable, soplando granos de arena de colores con cuidado meticuloso, cada grano un testimonio de su devoción y un símbolo de la naturaleza transitoria de la vida.

El mandala gradualmente cobra vida, una explosión de color y precisión geométrica, encarnando las enseñanzas del Buda, el ciclo de la vida, la muerte y el renacimiento, y la interconexión de todos los seres. Es un trabajo de amor y una meditación en sí misma con cada monje completamente presente en el momento, consciente de cada respiración y cada movimiento.

Al completarse, el monasterio despierta con la vibrante energía del mandala, ahora un radiante punto focal de contemplación y oración. Sin embargo, esta impresionante creación no está destinada a permanecer. En una profunda celebración de la impermanencia, los monjes se reúnen en una ceremonia para desmantelar el mandala, un recordatorio conmovedor de que todas las cosas, por más bellas o aparentemente permanentes que sean, son transitorias.

Con oraciones y cánticos, la arena es barrida, mezclando los colores en una mezcla gris que contiene dentro de sí la energía y las bendiciones del mandala. La asamblea reunida luego procede en procesión hacia el río más cercano, donde la arena se ofrece a las aguas que fluyen, simbolizando el retorno del material al mundo natural y la dispersión de sus bendiciones a todos los rincones de la tierra.

Este acto de creación y destrucción sirve como una poderosa lección de desapego, impermanencia y la interconexión de todas las cosas. Enseña que si bien todo en el mundo físico eventualmente se desvanecerá, las lecciones e ideas espirituales adquiridas perduran, fluyendo como el río hacia el vasto océano de la conciencia.

Así, los monjes del monasterio tibetano continúan su ciclo de creación y disolución, una danza eterna con las arenas del tiempo, encarnando los principios de la filosofía Budista y la Atención Plena para todos aquellos que presencian este ritual sagrado. A través de su arte, transmiten la sabiduría de conocer la belleza del momento, la impermanencia de la existencia y la práctica de soltar, guiándonos a todos hacia una comprensión más profunda de la verdadera naturaleza de la realidad.

CAPÍTULO TRES – VACIAR LA MENTE DE PENSAMIENTOS

En los primeros días del movimiento de Atención Plena o Mindfulness Moderno, numerosos instructores abogaban por un enfoque aparentemente simple pero esquivo para la meditación: vaciar la mente de pensamientos. Este método, afirmaban, era la puerta de entrada para lograr la quietud, la paz interior y la felicidad duradera.

Mi propia travesía con esta práctica comenzó con grandes esperanzas. Recuerdo bien esas primeras sesiones, sentado en quietud, intentando sinceramente silenciar el constante parloteo de mi mente. Sin embargo, en lugar de encontrar paz, a menudo era arrastrado por un torrente de pensamientos, haciéndome sentir derrotado e inadecuado. Cada sesión parecía solo subrayar mis fracasos, alejando aún más la paz que buscaba.

Sin embargo, mi enfoque hacia la meditación ha evolucionado desde entonces. Ahora lo veo como entrar en una danza: no hay un destino final o un resultado específico que lograr. Dejo que mi respiración sea mi guía, anclándome en el momento presente. Para aquellos que recién comienzan su viaje de meditación, aquí hay una forma efectiva de comenzar a desarrollar una buena práctica:

Cierra suavemente los ojos y dirige tu atención hacia tu respiración. Observa las sensaciones del aire moviéndose dentro y fuera de tu cuerpo. Tu respiración refleja tu estado interno. Pregúntate a ti mismo, ¿qué mensajes está transmitiendo tu respiración? Puedes concentrarte en el ascenso y descenso de tu abdomen, el paso del aire por tus fosas nasales, o la expansión y contracción de tu pecho, presenciando la maravilla de la vida pulsando dentro de ti.

A medida que te sumerges en esta práctica, es natural que tu mente divague. Cuando te des cuenta de que te estás distrayendo, reconoce suavemente la interrupción sin juzgar y redirige tu enfoque hacia tu respiración. La esencia de esta práctica es fomentar una conciencia compasiva del aquí y el ahora.

En mi enfoque para enseñar meditación, a menudo animo a imaginar los pensamientos como transeúntes en una concurrida acera de la ciudad. Imagínate caminando por esta acera, absorto en el ritmo de tus pasos. De repente, un desconocido te roza. Brevemente estableces contacto visual, reconociendo su presencia sin detenerte o involucrarte más.

Tan rápidamente como aparecieron, continúan su camino, mezclándose de nuevo en la multitud hasta que desaparecen de la vista. Este encuentro fugaz refleja la práctica de la meditación, donde cada pensamiento es reconocido, pero no retenido. Los observamos, notamos su presencia y los dejamos ir, asegurando que no interrumpan nuestro viaje.

Con la práctica continua, mejorarás tu conciencia sobre tus pensamientos, sentimientos y sensaciones físicas. Acepta todo lo que surja en tu conciencia, permitiendo que pase, sin aferrarte, ni resistirte. La meditación es un arte que florece con paciencia y consistencia. Inicialmente, puede parecer exigente, pero persiste, y gradualmente percibirás los profundos beneficios de una conciencia plena y claridad mental.

Al concluir tu meditación, hazlo con intención. Abre lentamente los ojos, tomándote un momento para observar cualquier cambio en tu estado mental o físico. Lleva la atención plena que has cultivado hacia adelante en tu día.

The Historia de – "La Mente de Mono"

En su libro, "Sabiduría y Compasión (Empezando por Uno Mismo)", Lama Tsomo describió el concepto Budista de la Mente del Mono, que simplemente nunca se detiene.

Una vez, hace mucho tiempo, un hombre recibió un maravilloso regalo de un maestro: un mono mágico que podía hacer cualquier cosa que el hombre le pidiera. ¡Por supuesto que estaba emocionado! Llevó al mono consigo y le pidió que hiciera todo tipo de cosas útiles.

En muy poco tiempo, terminaba cada tarea y volvía corriendo por la siguiente orden. El hombre le pidió al mono construirle un palacio. En muy poco tiempo, el mono lo había terminado. Ahora nuestro amigo estaba realmente emocionado ¿Qué más se puede pedir?

El hombre se fue a dormir por la noche y descubrió que no era tan maravilloso como pensaba. El mono lo molestaba como un mosquito, "¿AHORA qué quieres que haga? ¿Qué sigue?" preguntaba el mono. ¡El hombre nunca podía descansar, nunca! Día y noche el mono lo acosaba con solicitudes de más trabajo, que luego terminaba en poco tiempo. Luego, volvía por más.

Exhausto y desesperado, el hombre volvió al maestro. "¡Ayuda! ¡Tienes que darme una forma de lidiar con este mono para que no me siga molestando día y noche! ¿Qué puedes hacer?"

El maestro le dio un cabello rizado. Le instruyó: "Haz que el mono haga que el cabello se alise". El maestro demostró estirando el cabello para alisarlo. Tan pronto como lo soltó, el cabello volvió a su forma original. ¡Eso fue todo!

El hombre tomó el cabello y se lo dio al mono, ordenándole que hiciera que el cabello se alisara. El mono se sentó, completamente enfocado en el pequeño cabello. Lo estiró. Volvió a su forma original. Lo estiró de nuevo. Volvió a su forma original. Así continuó durante varias horas.

El hombre corrió a su cama y agradecidamente, cayó rendido.

La ciencia moderna ha arrojado luz sobre una idea crucial: aunque detener el flujo incesante de nuestros pensamientos está más allá de nuestro control, tenemos influencia sobre cómo respondemos a estos pensamientos, asegurando que no nos gobiernen. La antigua noción de "vaciar la mente" ha sido desacreditada, revelándola como una creencia obsoleta que necesita ser reevaluada y dejada de lado.

En nuestra formación de profesores de Yoga, presento este concepto a través de un ejercicio práctico. Te invito a que lo intentes por ti mismo. Siéntate en una posición cómoda para la meditación e intenta purgar tu mente de todos los pensamientos, esforzándote por detener por completo la charla mental. Es probable que te encuentres dudando de tu técnica o reconociendo la inutilidad del esfuerzo. Esta última comprensión es precisa: nuestras mentes continúan su actividad hasta el momento de la muerte física.

El Dr. Sam Parnia, destacado investigador de cuidados críticos y reanimación en la Escuela de Medicina Langone de la Universidad de Nueva York, señala que la conciencia puede persistir durante aproximadamente dos a veinte segundos después de que la respiración y los latidos del corazón cesan. Esta duración refleja la resistencia de la corteza cerebral, responsable del pensamiento y la toma de decisiones, en ausencia de oxígeno.

Nuestro control sobre los pensamientos que atraviesan nuestra mente es limitado. Para ilustrarlo, intenta esto: cierra los ojos y, pase lo que pase, evita pensar en un elefante rosado. Invariablemente, la imagen de elefantes rosados domina el paisaje mental para muchos. Esto no es un signo de debilidad, sino un testimonio de nuestra naturaleza humana y cómo percibimos nuestro entorno.

Las enseñanzas del Buda resaltan el poder de nuestros pensamientos: "Lo que piensas, te conviertes" y "Nada es más peligroso que los pensamientos desatendidos". Nuestros pensamientos sientan las bases de nuestra realidad; su gestión y las acciones que inspiran son fundamentales.

Imagina tus pensamientos como semillas plantadas en el suelo fértil de tu mente. Las semillas que nutres y cuidas crecerán, definiendo en última instancia tu realidad. Como un majestuoso roble que comienza desde una semilla pequeña y discreta, los amplios horizontes de nuestro futuro son esculpidos por las corrientes matizadas de pensamientos con los que nos involucramos hoy. La práctica de la atención plena nos anima a actuar como cuidadores vigilantes de nuestro jardín mental.

En esta práctica, aprendemos a discernir los pensamientos por su naturaleza, constructiva o destructiva. Cultivamos nuestras mentes fomentando pensamientos positivos y, como jardineros diligentes, arrancando los negativos antes de que arraiguen profundamente y se vuelvan difíciles de eliminar.

Las enseñanzas Budistas se refieren a los "cánceres emocionales de la mente" como la codicia, la ira y la ignorancia: fuentes fundamentales de sufrimiento que obstaculizan nuestro camino hacia la felicidad duradera y la libertad. Para contrarrestar estos venenos, el Budismo promueve el cultivo de la generosidad, la compasión y la sabiduría como antídotos purificadores, que conducen a un estado de ánimo limpio y una auténtica satisfacción.

Cuando un pensamiento negativo irrumpe, aprendemos a no prestarle atención, permitiendo que se disipe tan rápidamente como apareció. Es similar a los ladrones que huyen de una casa vacía al darse cuenta de que no hay nada que robar.

Este proceso también se extiende al diálogo interno que mantenemos y nuestra autopercepción, ya sea negativa o positiva. Nuestras interacciones con los demás reflejan nuestra relación con nosotros mismos. Lo que te molesta de los demás a menudo es simplemente un reflejo de nuestras propias luchas internas.

Al expandir esta idea, entendemos que el trato de los demás hacia nosotros no es arbitrario, sino un reflejo de cómo les enseñamos a tratarnos, basado en cómo nos tratamos a nosotros mismos. Si nos respetamos a nosotros mismos, seremos tratados con respeto. Si nos valoramos, los demás nos valorarán. Nuestros pensamientos emiten energía que da forma a nuestra realidad a través de un intercambio recíproco, donde la amabilidad que vemos en los demás refleja nuestro brillo interno.

Esto subraya la importancia crítica de la auto-relación en la práctica de la atención plena. La relación contigo mismo es la más larga e influyente que tendrás, afectando profundamente todas las demás relaciones.

La felicidad, fundamentalmente una búsqueda interna, subraya la esencia del amor propio. Aunque el amor propio puede parecer inicialmente egoísta, es todo lo contrario.

Considera la analogía de las máscaras de oxígeno de emergencia en un avión: asegurar tu máscara antes de ayudar a los demás es esencial para brindar ayuda efectiva. Este principio refleja la necesidad de cuidado personal: sin atender primero a tu bienestar, no puedes cuidar adecuadamente a los demás.

El amor propio es el aceite de la lámpara que mantiene tu luz ardiendo. Descuidar el autocuidado disminuye tu capacidad para iluminar las vidas de los demás. Al priorizar tu bienestar, mejoras tu capacidad para dar, amar y vivir más plenamente, asegurando que tú y quienes te rodean prosperen.

La Historia de – "Los Dos Viajeros y el Sembrador"

Un viajero se encontró con un viejo granjero arando en su campo junto al camino. Ansioso por descansar sus pies, el caminante saludó al campesino, quien parecía lo suficientemente feliz como para enderezar su espalda y hablar por un momento.

"¿Qué tipo de personas viven en el próximo pueblo?" preguntó el extraño.

"¿Cómo eran las personas de dónde vienes?" respondió el granjero, contestando la pregunta con otra pregunta.

"Eran una mala compañía. Todos problemáticos y también perezosos. Las personas más egoístas del mundo, y no se puede confiar en ninguna de ellas. Estoy feliz de dejar a esos bribones".

"¿En serio?" respondió el viejo granjero. "Bueno, me temo que encontrarás el mismo tipo de personas en el próximo pueblo".

Decepcionado, el viajero continuó su camino, y el granjero regresó a su trabajo.

Tiempo después, otro extraño, viniendo desde la misma dirección, saludó al granjero, y se detuvo a hablar. "¿Qué tipo de personas viven en el próximo pueblo?" preguntó.

"¿Cómo eran las personas de dónde vienes?" respondió una vez más el granjero.

"Eran las mejores personas del mundo. Trabajadoras, honestas y amigables. Lamento dejarlas".

"No temas", dijo el granjero. "Encontrarás el mismo tipo de personas en el próximo pueblo".

Para mantener un estado de felicidad, cambia tu enfoque de intentar restringir o despejar tus pensamientos a más bien, en su lugar nutrir los pensamientos positivos. Imagínate tanto como el granjero, cuidando los campos de tu mente, como el capitán dirigiendo el barco de tu alma. El predictor más confiable de tu futuro es la naturaleza de los pensamientos que florecen dentro de ti hoy.

CAPÍTULO CUATRO -
SI OBTENGO _____, FINALMENTE SERÉ FELIZ

En Yoga nos damos cuenta de que gran parte de nuestra infelicidad surge cuando buscamos cosas externas, para llenar el vacío en nuestro interior. Rumi escribió: "He sido un buscador y aún lo soy, pero dejé de preguntar a los libros y a las estrellas. Comencé a escuchar las enseñanzas de mi Alma". A menudo buscamos erróneamente fuera de nosotros respuestas que solo podemos encontrar dentro de nosotros mismos.

Falsamente creemos que solo si obtenemos ese trabajo soñado, encontramos esa pareja perfecta, conseguimos ese automóvil nuevo, un hermoso perro... y así sucesivamente, finalmente seremos felices. Al buscar la satisfacción fuera de nosotros mismos, desarrollamos una sed insaciable de más.

Obtenemos ese nuevo bolso Louis Vuitton o ese costoso reloj que tanto queríamos y ¡WOW nos sentimos GENIAL... por un rato...! Pero no dura. Como una subida de azúcar, esa euforia a corto plazo se desvanece y pronto estamos buscando la próxima cosa externa para llenar ese vacío que sentimos dentro de nuestra alma. Mientras tanto, llegan las facturas de la tarjeta de crédito y terminamos sintiéndonos peor que cuando comenzamos este ciclo.

En los textos Budistas del Dhammapada, el Buda enseñó: "La felicidad no es algo prefabricado. Viene de tus propias acciones". Es absurdo pensar que alguien más podría hacerte feliz o infeliz. ¿Y si pudieras encontrar la fuente de tu felicidad dentro de ti? ¿Y si no necesitaras nada fuera de ti mismo para tu felicidad?

La Atención plena nos enseña que no debemos buscar el amor, en cambio, debemos buscar la vida, y la vida te encontrará el amor que buscas.

La Historia de – "Un Hombre en Busca de Una Luz"

Había una vez un hombre que pasó toda su vida buscando una luz que creía le traería felicidad. Viajó lejos y cerca, por colinas y valles, a través de bosques y desiertos, pero la luz siempre parecía estar fuera de su alcance. Pensaba que estaba justo al otro lado de la siguiente colina o alrededor de la próxima curva del camino. Pero no importaba cuán lejos fuera, nunca podía encontrarla.

A medida que envejecía, se volvía más y más desesperado. Sabía que su tiempo se estaba acabando, y aún no había encontrado la luz que había estado buscando toda su vida. Fue solo en su lecho de muerte, con sus últimas respiraciones, que se dio cuenta de que la luz que había estado buscando desesperadamente, había estado dentro de él todo el tiempo.

Se dio cuenta de que la luz no era algo que pudiera encontrar fuera de sí mismo, sino más bien algo que tenía que cultivar dentro de sí mismo. Había pasado toda su vida buscando algo que ya tenía, pero era demasiado ciego para verlo.

La historia es un recordatorio de que la verdadera felicidad viene de dentro. No necesitamos buscar la felicidad fuera de nosotros mismos, porque ya está dentro de nosotros. Solo necesitamos cultivarla y dejarla brillar.

Claro, podemos disfrutar de cosas externas, pero el truco está en no apegarnos a ellas o hacerlas una condición para nuestra felicidad. Todo lo externo tiene una fecha de vencimiento: el metal se oxida, las cosas caras son robadas, las cosas se desgastan o pasan de moda; con el tiempo, todas estas fachadas de felicidad se vuelven impermanentes.

Para mí, cualquier artículo descrito como una "marca de lujo" con muy poco valor utilitario actual, en comparación con productos similares, es solo para ostentar o presumir y no es para mí. Mis amigos más exitosos no necesitan una marca de diseñador para proteger su imagen.

De hecho, el concepto de "riqueza discreta", donde las personas adineradas eligen no presumir de sus riquezas a través de marcas de diseñador o exhibiciones lujosas, está ganando popularidad entre los más ricos del mundo. Por ejemplo, Warren Buffett todavía reside en la misma casa de Omaha que compró en 1958 por $31,500. Durante una comida pública con Bill Gates, Buffett llevó a Gates a McDonald's y se le vio usando cupones para pagar.

Bill Gates ha sido visto usando un reloj de pulsera Casio Duro, con un precio de venta al público de solo $50. Este es un reloj sorprendentemente asequible, dada su riqueza, que muestra su preferencia por la funcionalidad, precisión y simplicidad sobre el lujo.

Las razones subyacentes para practicar la riqueza discreta incluyen evitar la atención no deseada, reducir el riesgo de convertirse en blanco de delitos o envidia, y el deseo de vivir una vida más sólida y genuina.

Estos ejemplos destacan un cambio social más amplio hacia el valor de las experiencias y relaciones genuinas, sobre los símbolos materiales de riqueza. El movimiento de la riqueza discreta refleja una creciente conciencia de las limitaciones del consumo ostentoso y el deseo de una manera de vivir más auténtica y significativa, incluso entre los más ricos.

Lao Tzu, en el libro del Dao De Jing, escribió: "Cuando te das cuenta de que no te falta nada, el mundo entero te pertenece". En verdad, realmente necesitamos muy pocas posesiones físicas para seguir siendo felices.

Las personas que menos pueden permitírselo suelen ser las que más se dejan llevar por la ilusión del marketing de productos de lujo. A menudo, las marcas de diseñador son simplemente curitas, protegiendo una identidad autolesionada y dañada. Harán cualquier cosa para no parecer sin éxito ante el mundo; incluso si eso significa endeudarse por un estilo de vida que no pueden permitirse. Para tener un sabor de la riqueza hoy, pueden arruinar sus finanzas hasta bien entrado su retiro.

Está bien poseer cosas, pero no está bien cuando esas cosas comienzan a poseerte a ti. El yoga nos enseña que menos, es más; que los verdaderamente ricos en este mundo no son aquellos con más, sino aquellos que necesitan menos para su felicidad.

La Historia de – "Las Vacas Desaparecidas"

Un día el Buda estaba sentado con sus monjes, cuando un granjero angustiado se acercó y pregunto: "Monjes, ¿han visto mis vacas"?

El Buda dijo: "No, no las hemos visto".

El granjero continuó: "Estoy angustiado. Solo tengo doce vacas, y ahora han desaparecido. ¿Cómo sobreviviré"?

El Buda lo miró con compasión y dijo: "Lo siento, amigo mío, no las hemos visto. Quizás quieras mirar en otra dirección".

Después de que el granjero se fue, el Buda se volvió hacia sus monjes, los miró profundamente, sonrió y dijo: "Queridos, ¿saben lo afortunados que son? No tienen ninguna vaca que perder".

Como dijo el Dr. Joseph Campbell con tanta elocuencia, "La cueva que temes entrar guarda el tesoro que buscas". Dentro de cada uno de nosotros ya hay un tesoro, pero lamentablemente pocos se toman el tiempo para buscar dentro y descubrirlo. Estamos demasiado ocupados buscando validación y aceptación fuera de nosotros mismos. A menudo buscamos la aprobación de los demás, nos comparamos con otros y tratamos de encajar con la multitud. Esto puede llevar a sentimientos de insuficiencia, baja autoestima y falta de realización.

Especialmente en este mundo de las redes sociales. Muchas personas buscan aprobación en los ojos de los demás. Siempre me ha encantado esta cita de Anaïs Nin donde dice: "A ella le falta confianza, anhela admiración insaciablemente. Ella vive de los reflejos de sí misma en los ojos de los demás. No se atreve a ser ella misma".

En el Tao Te Ching, hay una cita sabia: "Los que saben no hablan. Los que hablan no saben". Tendemos a tomar críticas de personas a las que normalmente ni siquiera les tomaríamos consejos. Desde fuera, en su feed de Instagram, sus vidas parecen mucho mejores que la nuestra, pero en su mayor parte esto es solo una ilusión filtrada.

El yoga nos enseña que de todos modos no es importante lo que piensen los demás de nosotros. Lo que importa es lo que pensamos de nosotros mismos. Si buscas la aprobación de todos, la única persona a la que seguramente no complacerás es a ti mismo.

Cuando veas cómo otros te tratan como un espejo de su propio estado interno y no como un juicio de tu valía, gradualmente aprenderás a dejar ir tus reacciones.

La verdad es que todos tenemos algo especial dentro de nosotros que nos hace únicos y valiosos. Puede ser un talento, una pasión, un rasgo de personalidad o una experiencia de vida. Sea lo que sea, es algo que solo nosotros poseemos, y es algo que deberíamos valorar y nutrir.

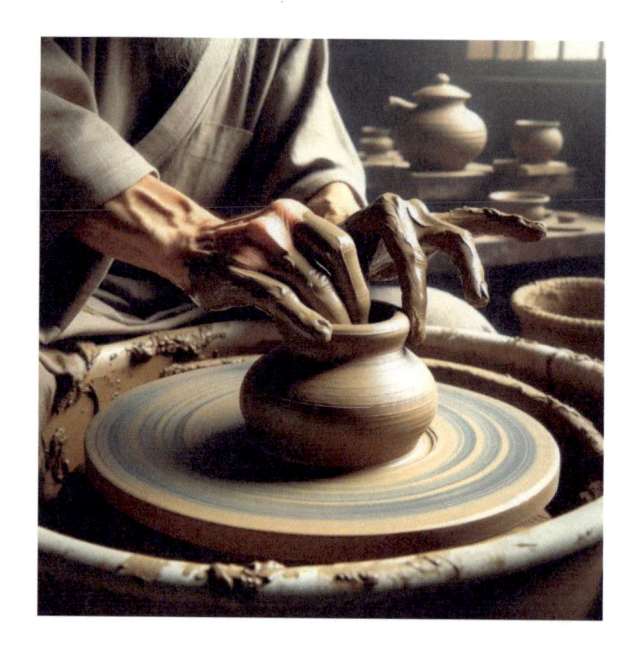

En la Biblia taoísta, el Tao Te Ching (también deletreado Dao De Jing) o simplemente el Tao, que significa el camino, declara elocuentemente: "Damos forma al barro en una vasija, pero es el vacío dentro lo que sostiene lo que sea que queramos".

Al desempacar esta metáfora:

El Barro y la Vasija: Así como un alfarero moldea el barro en un recipiente, damos forma a nuestras vidas, identidades y creaciones. Construimos estructuras, acumulamos conocimientos y perseguimos ambiciones. Estas son las "vasijas" que creamos, los aspectos tangibles y visibles de nuestra existencia.

El Vacío Interior: El Tao Te Jing nos recuerda que no es solo la forma externa lo que importa. La verdadera esencia reside en el interior, el vacío, el espacio, el silencio. Un proverbio alemán dice: "El silencio es una cerca alrededor de la sabiduría". Este vacío simboliza lo no manifiesto, lo no hablado y lo inefable. Es el lienzo sobre el cual la vida se desenvuelve.

Valor Utilitario: Considera una tetera finamente elaborada. Su diseño ornamentado, su asa delicada y su superficie pulida pueden deslumbrar a la vista. Pero es el vacío dentro, la cámara hueca, lo que cumple su propósito. Sin ese vacío, sería mera decoración. El vacío le permite retener el calor, preparar té y nutrir nuestros sentidos.

El Camino (Tao): El Tao Te Jing enfatiza el Tao, que significa "el camino" o "la senda". Es tanto la fuente como el destino, el principio subyacente que gobierna toda existencia. El Tao no tiene forma, pero da origen a la forma. Es el vacío que anima al barro.

No Interferencia y Flujo Natural: Como el alfarero que moldea el barro sin imponer fuerza excesiva, el Tao Te Jing aboga por la no interferencia. Nos anima a alinearnos con el flujo natural de la vida, a abrazar la simplicidad y a encontrar fuerza en la flexibilidad. En el vacío, descubrimos la plenitud. En el Tao se escribe: "Lo que es fluido, suave y flexible superará lo que es rígido y duro. Lo suave es fuerte".

En resumen, el Tao Te Jing nos invita a reconocer el valor del vacío: la quietud, el espacio entre pensamientos y el bloque sin tallar. Nos enseña que la verdadera utilidad no reside solo en lo que creamos, sino también en lo que dejamos sin crear. Mientras bebemos de nuestras tazas de té, recordemos que es el vacío interior lo que les da propósito, al igual que el Tao infunde a la vida con significado.

Mark Twain escribió: "Los dos días más importantes en la vida de un ser humano son el día en que naces y el día en que descubres por qué". Para descubrir el tesoro que llevamos dentro, necesitamos tomarnos el tiempo para mirar hacia nuestro interior. Necesitamos reflexionar sobre nuestras vidas, nuestras experiencias y nuestros valores. Debemos identificar nuestras fortalezas y debilidades, nuestras pasiones e intereses, y nuestros objetivos y aspiraciones.

El tesoro que llevamos dentro se ve fortalecido por los obstáculos que superamos. Los desafíos que enfrentamos le dan propósito a nuestra vida y superarlos le da significado a nuestra existencia. Así como el oro se purifica con el calor, nuestra alma se purifica mediante las pruebas que superamos. Al hacerlo, podemos obtener una comprensión más profunda de nosotros mismos y nuestro lugar en el mundo.

La grandeza en la vida nunca nace sin una presión y fricción significativas. Así como un diamante requiere una fricción inmensa para ser pulido, los desafíos de la vida nos moldean y nos perfeccionan. Estos desafíos pueden erosionar nuestra esencia o revelar nuestro brillo interno. Cuando descubres el diamante dentro de ti, comprendes tu naturaleza irrompible.

Una vez que hemos descubierto el tesoro dentro de nosotros, necesitamos compartirlo con el mundo. Debemos usar nuestros talentos y pasiones para tener un impacto positivo en los demás. Debemos ser fieles a nosotros mismos y vivir nuestras vidas con propósito y significado. Al hacerlo, podemos inspirar a otros a hacer lo mismo y crear un mundo mejor para todos.

La vida debería ser una gran aventura de redescubrirnos a nosotros mismos. T.S. Eliot escribió: "No cesaremos de explorar, y el final de toda nuestra exploración será llegar donde comenzamos, y conocer el lugar por primera vez".

Lo que el estudio del Mindfulness o Atención plena nos enseña, es que todo lo que experimentamos tiene un profundo impacto en nuestro autodescubrimiento y conocimiento de uno mismo. Algunas personas encuentran un impedimento en su camino y se detienen allí, aceptándolo y sin crecer. Otros encuentran una manera de superar o rodear el obstáculo y expanden su conciencia. Lo que descubrimos cuando llegamos a la cima de una montaña emocional que hemos estado escalando, es que nunca fue la montaña lo que intentábamos conquistar, sino nuestros propios miedos, dudas e ilusiones de limitaciones.

Incluso si Dios pudiera eliminar todo el dolor que has experimentado en tu vida, Dios también tendría que llevarse toda la sabiduría que has adquirido al superar estos encuentros dolorosos.

Como solía decir Wayne Dyer: "¡No mueras con la música aún en ti!" Recuerda, el tesoro que llevas dentro está esperando ser descubierto. Tómate el tiempo para mirar dentro, y lo encontrarás.

Miguel Angel fue un genio del Renacimiento, que creó algunas de las esculturas más famosas de la historia, como El David y La Piedad. Tenía una visión única del arte, basada en su creencia neoplatónica de que la forma ideal de belleza existía en la mente de Dios, y que el papel del artista era descubrirla y revelarla.

Él veía cada bloque de mármol como una obra maestra potencial, que contenía la imagen oculta de una figura perfecta. Una vez dijo: "La escultura ya está completa dentro del bloque de mármol, antes de comenzar mi trabajo. Ya está ahí. Solo tengo que cincelar el material superfluo". Usó su habilidad e intuición para tallar el exceso de piedra, y liberar la estatua de su prisión. Creía que no estaba creando, sino descubriendo, la belleza divina que Dios había colocado en el mármol.

Espero que este libro te ayude a eliminar tu exterior duro y revelar tu verdadera naturaleza y obra maestra interna dentro de cada uno de nosotros. Dentro de cada uno de nosotros, hay un Buda dorado esperando ser revelado.

La Historia de – "El Buda Dorado"

En Bangkok hay una estatua dorada del Buda que mide 9 pies y 8 pulgadas de alto, pesa 5.5 toneladas y tiene un valor aproximado de 250 millones de dólares en oro.

Se cree que la estatua fue construida en 1403 y fue venerada por los Budistas durante muchos cientos de años. En 1757, el ejército Birmano estaba invadiendo Tailandia. Enfrentándose a la aniquilación total, los monjes Budistas del monasterio comenzaron apresuradamente a cubrir su Buda de oro con yeso y arcilla, que fue pintado e incrustado con trozos de vidrio coloreado, para que pareciera tener poco o ningún valor para el ejército invasor. Durante la invasión, todos los monjes Budistas fueron trágicamente asesinados, pero el Buda de Oro quedó sin descubrir.

En 1957, un grupo de monjes estaba reubicando un monasterio completo en Tailandia. Un día estaban moviendo un gigantesco Buda de arcilla cuando uno de los monjes notó una gran grieta en la arcilla. Al investigar más de cerca, vio que había una luz dorada emanando de la grieta. El monje usó un martillo y un cincel para picar la capa exterior de arcilla hasta que reveló que la estatua estaba hecha de oro sólido.

En Yoga, venimos al mat y a menudo nos preguntamos... "¿Quiénes somos realmente, por qué estoy aquí y hacia dónde voy?" Lo que esta historia explica tan elocuentemente es que dentro de cada uno de nosotros vive un Buda dorado de luz. Nuestro propósito en la vida es redescubrir nuestro Buda por nosotros mismos.

Lo que sucede a lo largo de nuestra vida es que acumulamos capa sobre capa de arcilla sobre nuestro propio Buda dorado. La capa más pesada de arcilla es la que nosotros mismos creamos: son nuestros pensamientos limitantes, falsas verdades y nuestro condicionamiento inconsciente. Las otras capas de arcilla se agregan por influencias externas (padres, escuelas y maestros, jefes y compañeros de trabajo, sociedad, medios de comunicación, iglesia, gobierno y corporaciones). Eventualmente estamos tan cargados de arcilla que olvidamos que el Buda dorado está allí todo el tiempo.

El secreto para encontrar nuestro Buda dorado, nuestro propósito superior, no está en el futuro, sino en nuestro pasado. Todo lo que tenemos que hacer es empezar a picar la arcilla y redescubrir aquellas cosas por las que sentíamos pasión cuando crecíamos. Nos reconectamos con las cosas que primero trajeron alegría a nuestras vidas. Picamos nuestra arcilla durante nuestra práctica en el mat de yoga. A medida que nos acercamos, esa luz dorada desde nuestro interior volverá a emerger. Imagina un mundo donde cada persona pudiera regresar a su estado natural, su Buda dorado. Simplemente imagina.

CAPÍTULO CINCO –
QUIEN MUERE CON MÁS JUGUETES GANA

"Quien muere con más juguetes gana" es otro mito que necesitamos desacreditar si queremos tener alguna posibilidad de volver a nuestro estado de felicidad. El yoga nos enseña que menos, es más.

En el mundo de hoy, el materialismo y el minimalismo son dos estilos de vida contrastantes que han ganado popularidad. El materialismo es la creencia de que las posesiones y la riqueza son la clave de la felicidad, mientras que el minimalismo es la filosofía de vivir con menos y encontrar alegría en la simplicidad. Mientras que el materialismo a menudo se asocia con el consumismo y el acaparamiento, el minimalismo a menudo se asocia con la simplificación y la vida más sostenible.

La filosofía Budista del minimalismo sigue siendo relevante hoy en día, ya que nos enseña a centrarnos en el momento presente y encontrar la felicidad en las cosas simples de la vida. De hecho, muchas personas recurren al minimalismo como una forma de escapar del estrés y la ansiedad de la vida moderna. Al simplificar sus vidas y reducir sus posesiones, pueden encontrar más tiempo para las cosas que realmente importan.

Morgan Freeman, en la película "The Bucket List", dijo: "Sabes, los antiguos egipcios tenían una hermosa creencia sobre la muerte. Cuando sus almas llegaban a la entrada del cielo, los guardianes les hacían dos preguntas. Sus respuestas determinaban si podían entrar o no. '¿Has encontrado alegría en tu vida? ¿Tu vida ha traído alegría a los demás?'". Tan simple y, sin embargo, tan profundo.

La filosofía del yoga enfatiza la importancia de la simplicidad y la satisfacción. Nos enseña que la verdadera felicidad viene de adentro, y que no necesitamos posesiones materiales para ser felices.

Estudios han demostrado que los niños que crecen en la pobreza a menudo son más felices que aquellos que crecen en familias más adineradas. Esto se debe a que aprenden a encontrar alegría en los placeres simples de la vida, como pasar tiempo con la familia y los amigos. Además, aunque las personas con niveles de ingresos más altos informan mayores niveles de felicidad, el aumento en la felicidad con el ingreso es relativamente modesto y otros factores, como la salud y las relaciones, son más influyentes.

Si bien las posesiones pueden traernos alegría y comodidad, hay una extraña paradoja con el materialismo. Con el tiempo, nuestras posesiones pueden empezar a poseernos a nosotros, en lugar de al revés. Cuanto más acumulamos, más esclavizados nos volvemos a nuestras posesiones. En lugar de traernos felicidad, se convierten en una carga que requiere mantenimiento constante, almacenamiento y cuidado. Por lo tanto, es importante encontrar un equilibrio entre el materialismo y el minimalismo y encontrar un estilo de vida que funcione para ti.

La Historia de – "Menos es Más"

Érase una vez, un rico comerciante que vivía en una gran mansión. Tenía todo lo que pudiera desear, de hecho, casi dos de todo, pero aun así estaba infeliz. Un día, decidió visitar a un sabio monje Budista en busca de orientación.

El monje lo recibió con calidez y escuchó pacientemente sus problemas. El comerciante explicó que tenía todo lo que pudiera desear, pero aún así estaba infeliz. El monje sonrió y dijo: "Creo que sé cuál es tu problema. Tienes demasiado".

El comerciante se quedó desconcertado. "¿Qué quieres decir? Uno nunca puede tener demasiado", preguntó.

El monje respondió: "Tienes tanta riqueza y posesiones que has perdido de vista lo que realmente es importante. Te has apegado a tus posesiones materiales, y este apego te está causando sufrimiento".

El comerciante estaba confundido. "Pero ¿cómo puedo ser feliz si no tengo nada?", preguntó.

El monje respondió: "La felicidad no proviene de las posesiones materiales. Viene de adentro. Los verdaderamente ricos no son los que tienen más, sino los que necesitan menos. Si puedes aprender a soltar tu apego a tus posesiones, encontrarás la verdadera felicidad".

El comerciante estaba escéptico, pero decidió seguir el consejo del monje. Comenzó a regalar sus posesiones a quienes las necesitaban. Al principio, fue difícil, pero a medida que regalaba más y más, comenzó a sentirse más ligero y feliz.

Finalmente, el comerciante regaló casi todo lo que poseía. Se quedó solo con unas pocas posesiones, pero estaba más feliz que nunca. Se dio cuenta de que no necesitaba todas sus posesiones para ser feliz. De hecho, era más feliz con menos.

A partir de ese día, el comerciante vivió una vida sencilla. Ya no necesitaba preocuparse por sus posesiones, y era libre de disfrutar de las cosas simples de la vida. Había encontrado la verdadera felicidad a través del minimalismo.

Recuerda que la verdadera felicidad duradera no proviene de las posesiones materiales. Viene de adentro. Entonces, ¡Abraza al minimalismo y encuentra la verdadera felicidad en la simplicidad!

CAPÍTULO SEIS – LA PRÁCTICA HACE AL MAESTRO

La práctica nos hace mejores, pero nunca nos hace perfectos. Si practicamos en busca de la perfección, simplemente terminaremos en frustración, infelicidad y eventualmente perderemos toda esperanza. Esta es otra mentira que necesitamos desaprender. El yoga nos enseña que la perfección no existe en este universo. Las personas reales nunca son perfectas y las personas perfectas nunca son reales.

La perfección es un ideal por el que muchas personas luchan, pero también es una ilusión que nunca se puede alcanzar. El universo está lleno de imperfecciones, desde las fallas en los fenómenos naturales hasta los errores en los esfuerzos humanos. No importa cuánto lo intentemos, nunca podemos alcanzar la perfección en nada que hagamos, porque siempre habrá espacio para la mejora, la crítica o el cambio.

Buscar la perfección en nosotros mismos o en los demás solo puede llevar a la infelicidad, porque nos prepara para una constante decepción y frustración. Cuando esperamos ser perfectos, ponemos demasiada presión sobre nosotros y pasamos por alto nuestras fortalezas y logros. También podemos desarrollar baja autoestima, ansiedad, depresión u otros problemas de salud mental.

El perfeccionismo se ha relacionado con un aumento en las tasas de trastornos de salud mental, particularmente ansiedad, depresión, trastorno obsesivo-compulsivo (TOC) y trastornos alimentarios, como la anorexia.

Cuando esperamos que los demás sean perfectos, nos volvemos excesivamente críticos y juiciosos con ellos, y podemos perder de vista sus cualidades y contribuciones positivas. También podemos dañar nuestras relaciones con ellos, ya que pueden sentirse resentidos, inadecuados o no apreciados.

El Diamante de la Esperanza es uno de los diamantes más famosos y valiosos del mundo, pero lo que realmente lo hace especial es una imperfección única. Contiene pequeñas cantidades de boro. El boro, una imperfección, es lo que le da al Diamante de la Esperanza su famoso color azul.

Al mirarnos en el espejo, nuestra mirada a menudo se dirige hacia lo que percibimos como imperfecciones. Sin embargo, imagina la profunda transformación en nuestras vidas si, en lugar de centrarnos en estos defectos, primero reconociéramos la luz radiante que brilla desde nuestros ojos y la calidez de nuestra sonrisa. ¿Cómo cambiaría esta perspectiva nuestra existencia diaria?

En los monasterios Budistas, los espejos son difíciles de encontrar y no se usan. Esto se debe a que el enfoque está en cultivar la paz interior y la sabiduría, en lugar de las apariencias externas. Al evitar los espejos, los monjes pueden evitar apegarse a su apariencia física y en cambio centrarse en su intelecto interno.

Esta práctica está en línea con la filosofía Budista del desapego, que enfatiza la importancia de dejar ir las posesiones materiales y los deseos para lograr la iluminación espiritual. Al centrarse en lo interno en lugar de lo externo, los monjes Budistas pueden cultivar un sentido más profundo de autoconciencia y paz interior.

"Las almas hermosas son muy parecidas a los vitrales de una iglesia. Por sí mismos son hermosos a la luz del día, pero es en la oscuridad de la noche, cuando esa luz brilla desde dentro de ellos, cuando su verdadera belleza se revela". - David Scott

Una condición común de las personas a medida que envejecen es la presbicia, que es la pérdida gradual de la capacidad de los ojos para enfocar objetos cercanos. Es casi como si Dios estuviera diciendo, ya es suficiente, deja de obsesionarte con tus arrugas y imperfecciones en el exterior y comienza a enfocarte en cómo te sientes por dentro.

La próxima vez que te cepilles los dientes y te mires en el espejo, mira primero tus ojos y observa tu luz. Te darás cuenta de que todas esas imperfecciones son simplemente insignias de honor; cicatrices de batalla, de toda la sabiduría duramente ganada que has logrado hasta ahora en tu vida.

La Historia de - "Wabi-Sabi: La Belleza en La Imperfección"

En la tranquilidad del antiguo Japón, donde los árboles de cerezo susurraban secretos y el bambú se balanceaba con reverencia, existía una profunda filosofía conocida como Wabi-Sabi. No era simplemente un concepto; era la esencia misma de la existencia, entretejida en la tela de las ceremonias del té, los pergaminos manchados de tinta y la corteza retorcida de los árboles antiguos.

Hace 700 años, aquellos que buscaban la iluminación entendían que la perfección era una ilusión, un espejismo reluciente que bailaba en el horizonte, pero nunca podía ser alcanzado. Los maestros del té, los monjes Budistas y la nobleza, todos abrazaban esta verdad. Lo llamaban Wabi-Sabi, la celebración de la imperfección.

Imagina una sala de té tranquila, sus tatamis desgastados por innumerables pasos. Aquí, el tiempo se enlentecía y lo mundano se volvía sagrado. Una sola flor enclavada en un jarrón de bambú desgastado, hablaba volúmenes. Sus pétalos, ligeramente magullados, contenían la sabiduría de las estaciones, la belleza efímera de la vida misma. El pergamino en la pared tenía trazos de caligrafía, cada uno imperfecto, pero armonioso. Y la pátina en los cuencos de té, sus grietas y astillas, contaban historias de resistencia y durabilidad.

Rikyu, el venerado maestro del té entendía esto profundamente. Sus enseñanzas transformaron las ceremonias del té en portales. Mientras los invitados sorbían matcha, salían de la cacofonía de sus vidas. El mundo más allá de la sala de té se desvanecía, dejando solo el calor de la taza, el aroma de las hojas y las conversaciones susurradas entre almas.

En los majestuosos jardines de Kyoto, donde las piedras cubiertas de musgo susurraban secretos al viento, Rikyu puso a prueba a su discípulo. El jardín, meticulosamente cuidado, parecía impecable. Sin embargo, Rikyu alcanzó una rama de arce cuyas hojas ardían con el fuego otoñal. La sacudió suavemente, y las hojas castañas descendieron, una danza de imperfección. Aterrizaron en el sendero de grava, mezclándose con ramitas caídas y musgo.

El discípulo observó, perplejo. ¿Por qué perturbar la perfección? Rikyu sonrió, sus ojos arrugándose como un pergamino antiguo. "Wabi-Sabi", murmuró. "La magia no reside en la impecabilidad, sino en la danza de la impermanencia. Las hojas caen, las estaciones cambian, y nosotros también somos parte de este ritmo eterno".

Y así, en ese tranquilo jardín, el joven vislumbró la iluminación. El orden de la naturaleza nunca fue estéril- era salvaje, indómito y gloriosamente imperfecto. La imperfección no era una mancha; era el latido de la existencia. El toque del maestro del té había revelado la verdad oculta: nada era nunca perfecto, ni permanente.

Y mientras la última hoja se posaba, el viento llevaba la sabiduría de Rikyu a través de los siglos. En el susurro de las hojas de bambú y el eco fugaz de un cuenco de té levantado, Wabi-Sabi seguía vivo, un recordatorio frágil y exquisito de que la imperfección era la pincelada que pintaba el lienzo más profundo de la vida.

Lo Que Practicamos, Lo Mejoramos

En nuestra práctica de yoga, nos enfocamos en evolucionar constantemente hacia la mejor versión de nosotros mismos. No perseguimos la perfección, sino que nos damos cuenta de que lo que practicamos, lo mejoramos.

En una clase de Dharma Flow (estilo vinyasa cálido con un toque Budista) que me encanta enseñar, usamos una "Secuencia Progresiva". Repetimos asanas (posturas) en un lado y luego en el siguiente lado del cuerpo. En la siguiente ronda, repetimos esas mismas asanas y añadimos más, progresivamente volviéndolas más desafiantes, hasta cuatro rondas. Al hacerlo, las asanas que en la primera secuencia eran bastante difíciles, parecen volverse más fáciles.

Lo que descubrimos es que las asanas no se vuelven más fáciles, de hecho, nosotros mejoramos. Esto nos recuerda que lo que practicamos en la vida, sea bueno o malo, lo mejoramos. Si practicamos la negatividad, con el tiempo podemos convertirnos en una persona completamente negativa. Si practicamos el amor y la compasión, eso es lo que reflejará nuestro carácter.

El poder de nuestros pensamientos no puede ser exagerado, porque de estos pensamientos surgen nuestras palabras. Nuestras palabras luego se cristalizan en acciones, que, a través de la repetición, evolucionan en hábitos. Estos hábitos sientan las bases para nuestro carácter, definiendo quiénes somos en nuestro núcleo. Benjamin Franklin comentó con perspicacia: "Es más fácil prevenir malos hábitos que romperlos". Esto subraya la importancia de la Atención plena para guiar nuestros pensamientos positivamente desde el principio, dando forma a un carácter que refleje nuestro yo más elevado.

La Historia de – "La Imperfección no es una barrera, sino un puente hacia la Iluminación"

Un día, un joven monje llamado Shanti se acercó a su maestro, y le hizo una pregunta.

"Maestro, he estado practicando diligentemente durante muchos años, pero aún siento que estoy lejos de ser perfecto. Veo muchas fallas y deficiencias en mí mismo y en los demás, y a menudo me siento frustrado y desanimado. ¿Cómo puedo superar este sentimiento de imperfección y alcanzar la iluminación"?

El maestro sonrió y dijo: "Shanti, no estás solo en sentirte así. Muchas personas, incluso aquellas que han practicado durante mucho tiempo, luchan con el mismo problema. Piensan que la perfección es algo que se puede lograr siguiendo ciertas reglas, métodos o estándares. Se comparan a sí mismos y a los demás con estos ideales, y sufren cuando no cumplen con ellos. Se aferran a sus puntos de vista y opiniones, y rechazan todo lo que no se ajusta a sus expectativas. Pierden de vista la verdadera naturaleza de la realidad, que es impermanente, interdependiente y vacía de existencia inherente".

"Entonces, ¿cuál es la solución, Maestro"? Preguntó Shanti ansiosamente.

"La solución, Shanti, es abrazar la imperfección como parte natural e inevitable de la vida. La imperfección no es una falla o un defecto, sino un signo de diversidad y singularidad. Es una fuente de belleza y creatividad, no de fealdad y monotonía. Es un maestro y un amigo, no un enemigo o un adversario. Es un catalizador y un motivador, no un obstáculo y un disuasivo. Es un desafío y una oportunidad, no un problema y una carga".

"¿Cómo podemos abrazar la imperfección, Maestro"? Preguntó Shanti.

"Podemos abrazar la imperfección aceptándonos a nosotros mismos y a los demás tal como somos, con nuestras fallas y limitaciones, y apreciando nuestra diversidad y singularidad. Podemos reconocer que todos tienen sus propias fortalezas y debilidades, talentos y desafíos, virtudes y vicios, alegrías y penas".

Podemos respetar y apreciar las diferencias entre nosotros y aprender unos de otros. También podemos aceptar las imperfecciones del mundo y verlas como oportunidades para la compasión y la sabiduría. Podemos entender que todo está condicionado por causas y condiciones, y nada es fijo o permanente. Podemos responder a las circunstancias cambiantes con flexibilidad y adaptabilidad, y no aferrarnos a nuestras preferencias o aversiones".

"¿Qué más podemos hacer, Maestro"? Preguntó Shanti.

"También podemos abrazar la imperfección enfocándonos en nuestro crecimiento y desarrollo, en lugar de en nuestro desempeño y resultados. Podemos comprender que la perfección no es un destino, sino una dirección. No es un estado, sino un proceso. No es una meta, sino un viaje. Podemos establecer objetivos realistas y alcanzables, y trabajar hacia ellos con diligencia y entusiasmo. Podemos celebrar nuestro progreso y logros y reconocer nuestros esfuerzos y contribuciones. También podemos aprender de nuestros errores y fracasos y usarlos como retroalimentación y orientación. Podemos verlos como oportunidades de mejora y transformación, y no como motivos de arrepentimiento y culpa".

"¿Es eso todo, Maestro"? Preguntó Shanti.

"No, Shanti, hay más. También podemos abrazar la imperfección cultivando una mentalidad más saludable y feliz y disfrutando más plenamente de nuestras vidas. Podemos hacer esto desarrollando cualidades positivas como la gratitud, la generosidad, la bondad, el perdón, la alegría y la paz. Podemos apreciar las bendiciones y oportunidades que tenemos y compartirlas con otros".

"Podemos ser amables y compasivos con nosotros mismos y con los demás, y perdonarnos a nosotros mismos y a los demás por nuestras deficiencias. Podemos regocijarnos en la felicidad y el éxito de los demás, y no sentir envidia ni celos. También podemos encontrar paz y contentamiento en el momento presente, y no sentir ansiedad ni preocupación por el pasado o el futuro. Podemos disfrutar de los placeres y alegrías simples de la vida, y no estar apegados ni adictos a los placeres y distracciones mundanas. También podemos meditar y reflexionar sobre las enseñanzas del Buda y comprender la verdadera naturaleza de nosotros mismos y de la realidad".

"Gracias, Maestro, por tu sabio y compasivo consejo. Intentaré seguirlo y abrazar la imperfección en mi vida". Dijo Shanti agradecido.

"De nada, Shanti. Recuerda, la imperfección no es una barrera, sino un puente hacia la iluminación. No es una maldición, sino una bendición. No es un problema, sino una solución. No es una debilidad, sino una fortaleza. No es un infierno, sino un paraíso. No es oscuridad, sino luz. Necesitas un nivel de oscuridad para ver las estrellas", concluyó el maestro con una sonrisa.

Salvador Dalí dijo una vez: "No tengas miedo de la perfección, nunca la alcanzarás". En lugar de perseguir la perfección, deberíamos abrazar la imperfección como parte natural e inevitable de la vida. Al hacerlo, podemos cultivar una mentalidad más saludable y feliz, y disfrutar más plenamente de nuestras vidas.

La Historia de – "Un Camino Floreció a Partir de la Imperfección"

En el corazón de un exuberante valle se encontraba un monasterio, un refugio sereno donde los monjes dedicaban sus vidas a la paz, la meditación y el cultivo de la sabiduría. Entre ellos había un monje conocido por su tarea diaria de recoger agua de un arroyo cercano. Con dos grandes recipientes suspendidos de los extremos de un robusto palo que llevaba sobre sus hombros, emprendía su viaje al amanecer, saludando al sol matutino con un gesto silencioso.

Uno de los recipientes estaba perfectamente intacto, reteniendo toda el agua con la que se llenaba, mientras que el otro tenía varios pequeños agujeros, de los cuales el agua goteaba constantemente a lo largo del camino de regreso al monasterio. Consciente de esta imperfección, el monje persistía en su rutina, sin buscar ni una vez reparar el recipiente con fugas.

A medida que pasaban las estaciones, el monje notaba una transformación notable a lo largo del lado del camino por donde goteaba el agua. Donde antes no había más que tierra seca y estéril, ahora florecía una franja vibrante de flores silvestres, un estallido de colores que reflejaba los matices de los cielos matutinos. Abejas y mariposas danzaban entre las flores, y el aire estaba dulce con fragancia.

El otro lado del camino, que no recibía agua, permanecía sin cambios, su belleza sin tocar, su potencial sin cumplir. El recipiente con fugas, en su defecto, había dado sin saberlo vida a un tramo estéril, creando belleza donde antes no existía.

Un día, el recipiente, avergonzado de su imperfección, se disculpó con el monje por su insuficiencia y la carga que creía haber impuesto. El monje, con una sonrisa amable, compartió una sabiduría tan profunda como las enseñanzas del Buda mismo. Habló de cómo sus defectos únicos habían permitido que floreciera un rastro de belleza, enseñando una lección valiosa: la perfección no es un requisito previo para tener un impacto positivo en el mundo. En su imperfección, el recipiente había logrado algo verdaderamente hermoso, nutriendo la vida a lo largo de su viaje.

Esta historia sirve como una metáfora conmovedora, recordándonos que la belleza y el propósito pueden surgir de la imperfección. Celebra los caminos no convencionales a través de los cuales la bondad y el cuidado pueden manifestarse, alentando a abrazar nuestras fallas e imperfecciones como vías a través de las cuales nuestras contribuciones únicas pueden fluir hacia el mundo. Al igual que las flores silvestres a lo largo del camino del monje, los impactos de nuestras acciones, por pequeñas o defectuosas que parezcan, pueden florecer en algo inesperadamente hermoso, enriqueciendo el mundo que nos rodea.

CAPÍTULO SIETE –
EL FUERTE SE AFERRA, MIENTRAS EL DÉBIL SE RINDE

En la atención plena aprendemos que a menudo se requiere una tremenda fuerza para dejar ir en la vida. A menudo son los débiles los que terminan aferrándose demasiado tiempo a situaciones negativas. Cuanto más envejezco, más reconozco que todo lo que he perdido en la vida me ha liberado para descubrir nuevas y casi siempre mejores aventuras. Cuando no encuentras solución a un problema, probablemente no sea un problema por resolver, sino una verdad por aceptar.

Aquí tienes dos ejemplos de aprender cuándo rendirse.

Demasiado Invertido para Rendirse:

El sol se hundió bajo el horizonte, proyectando largas sombras por toda la habitación. Sarah se sentó allí, mirando los restos de su emprendimiento una vez prometedor. El emprendimiento en el que había volcado su corazón y su alma ahora era un barco que se hundía. Aun así, se aferraba a él, incapaz de dejarlo ir.

Sarah había invertido años de su vida, innumerables noches sin dormir y cada gramo de su energía en este proyecto. Se había convencido a sí misma de que rendirse sería una traición a sus esfuerzos pasados. Cuanto más luchaba, más se hundía. Haber invertido tanto la mantenía cautiva.

A menudo nos encontramos en los zapatos de Sarah. Persistimos en relaciones, trabajos o empresas mucho después de que se hayan vuelto tóxicos. ¿Por qué? Porque hemos invertido tanto tiempo, emociones y recursos, que alejarnos parece admitir la derrota. Preferimos llevar la carga de una mala decisión, que enfrentar la incertidumbre de comenzar de nuevo.

Recuerda siempre que solo porque se haya perdido la guerra, no significa que debas ser conquistado.

Consuelo en la Miseria:

Alex se sentó en el sofá desgastado, mirando el techo agrietado. Su matrimonio se había convertido en una tierra estéril, carente de amor, cariño o conexión. Aun así, él se quedaba. La familiaridad de sus discusiones, el silencio predecible, era extrañamente reconfortante.

El cambio parecía un riesgo, y Alex temía su imprevisibilidad. Se aferraba al sufrimiento familiar: las mismas peleas, la misma cama fría, porque era un dolor que conocía y entendía. Rendirse al cambio significaba adentrarse en lo desconocido, y eso lo aterraba.

Nada crece en la sombra de la zona de confort. Todos tenemos nuestras zonas de confort, incluso cuando son incómodas. La miseria que conocemos se siente más segura que las aguas inexploradas de la transformación.

Tenemos miedo ahora mismo porque solo podemos ver lo que podríamos perder; pero no tenemos idea de las infinitas posibilidades de lo que podría ser si simplemente soltáramos. Así que soportamos, convenciéndonos de que esto es lo mejor que podemos obtener. Pero en lo más profundo, ansiamos liberarnos, tener el coraje de ser libres.

Dicen que cuando Dios está listo para que te muevas, hará que tu situación sea incómoda. ¿Es este un momento en tu vida para moverte?

Rendirse no es derrota; es liberación:

El sol salió, pintando el cielo con tonos de esperanza. Sarah y Alex enfrentaron sus demonios. Dejaron caer el peso de malas decisiones, salieron de sus zonas de confort y abrazaron el cambio.

Nosotros también podemos aprender de sus historias. Dejar ir no es debilidad; es resiliencia. No importa cuán oscura sea la noche, el sol volverá a salir mañana. A menudo necesitamos esa noche oscura del alma para apreciar realmente la luz de un nuevo amanecer y un nuevo comienzo. La energía que hemos invertido no nos ata para siempre. A veces, rendirse es el camino hacia la transformación: la impredecible y hermosa danza de la vida.

En los Yoga Sutras de Patanjali, los Niyamas nos dan cinco auto-observaciones como parte de Los Ocho Pasos del Yoga. El quinto Niyama es Ishvara Pranidhana, e invita a explorar este concepto de rendición. Vamos a explorar la esencia de Ishvara Pranidhana y su importancia.

El término Ishvara Pranidhana consta de dos componentes: Isvara (que significa "Ser Supremo", "Dios" o "Realidad Última") y Pranidhana (que se traduce como "fijación" u "ofrenda"). En esencia, Ishvara Pranidhana nos anima a cultivar una relación profunda y de confianza con algo más grande que nosotros mismos: una fuerza más allá de nuestra existencia individual. Este "algo más grande" no tiene por qué ajustarse a ninguna religión específica. Representa la conciencia colectiva que nos une a todos.

Aquí hay dos perspectivas sobre cómo aplicar Ishvara Pranidhana a nuestras vidas:

Rendición como Fortaleza: Rendirse no es un signo de debilidad; más bien, es un acto de inmensa fuerza. Cuando nos rendimos, liberamos nuestra necesidad de control y permitimos que la vida se desarrolle naturalmente. Al igual que un pez que encuentra la corriente y va con ella, rendirse nos alinea con el flujo de la existencia. Requiere paciencia, confianza y el coraje de aceptar lo que venga. En nuestra práctica de asanas, rendirse es quizás lo más fuerte que podemos hacer: dejar de resistir, permitir que la respiración nos guíe y aceptar nuestro estado presente, sin juicio.

Navegar por la Vida con Conciencia: La rendición no es resignación pasiva; es una elección activa para aceptar la realidad tal como la vemos. Al practicar Ishvara Pranidhana, reconocemos que somos parte de un todo más grande. Ofrecemos nuestras acciones, pensamientos e intenciones a esta conciencia colectiva. En lugar de aferrarnos al sufrimiento familiar, nos abrimos a la imprevisibilidad de la rendición y el cambio. Es un camino hacia la paz y la realización, uno que no requiere esfuerzo ni dolor de nuestra parte, pero desafía nuestra necesidad arraigada de control.

Ishvara Pranidhana nos invita a rendirnos a nuestros deseos impulsados por el ego, confiar en el desarrollo de la vida y reconocer nuestra interconexión. Es una práctica profunda que trasciende los límites religiosos y nos capacita para encontrar fuerza en el dejar ir.

Mi esperanza para ti es que, si hay una situación en tu vida que necesita ser cambiada, encuentres el coraje para soltar lo que ya no te sirve. Que abraces el cambio, incluso cuando te asuste un poco. A menudo, las tormentas aparecen en tu vida no para destruir, sino para despejar el camino para algo más hermoso que viene hacia ti. Porque en la rendición, reside la promesa de la renovación. Con la renovación viene la esperanza.

La Historia de - "La Flor de Loto en el Estanque Turbio"

Érase una vez, en un pequeño pueblo entre montañas cubiertas de niebla, vivía una joven llamada Sujata. Era conocida por su determinación inquebrantable y su capacidad para enfrentar los desafíos de la vida.

Sujata había estado casada con un hombre llamado Rajiv durante varios años. Su relación había comenzado con amor y esperanza, pero con el tiempo se volvió amarga. Rajiv estaba consumido por los celos, la ira y el resentimiento. Constantemente menospreciaba a Sujata, haciéndola dudar de su valía. A pesar de sus esfuerzos por salvar el matrimonio, quedó claro que el cambio no era posible. El amor que una vez compartieron se marchitó como una flor descuidada.

Un día, Sujata buscó consuelo en el templo del pueblo. Se sentó junto al estanque de flores de Loto, observando las delicadas flores rosadas flotar en el agua turbia. El sacerdote del templo, un viejo sabio llamado Bhante, notó su angustia y se acercó a ella.

"Sujata", dijo Bhante con gentileza, "veo el dolor en tus ojos. Dime, ¿qué pesa tanto en tu corazón"?

Sujata desahogó su historia, la amargura de su matrimonio, los sueños rotos y la lucha implacable por arreglar lo que estaba roto. Bhante escuchó atentamente y sus ojos reflejaban compasión.

"Sujata", dijo, "a veces la vida es como este estanque. La Flor de Loto florece en las aguas más turbias, pero sus pétalos permanecen sin mancharse. La fortaleza no proviene de hacer lo que puedes hacer, proviene de superar lo que primero creías imposible. Esta Flor encuentra fuerza en la adversidad, elevándose por encima del lodo para saludar al sol".

"Pero Bhante", interrumpió Sujata, "¿qué pasa si el agua nunca se aclara? ¿Qué pasa si el cambio es imposible"?

Bhante sonrió. "El cambio es inevitable, mi querida. Pero a veces, no son las circunstancias externas las que necesitan cambiar; es nuestra percepción. La Flor no lucha contra el barro; acepta su entorno y lo transforma en belleza".

Continuó, "Sujata, tienes la fuerza para rendirte, para soltar lo que ya no te sirve. Así como esta flor libera sus raíces del barro, puedes liberar tu apego a un matrimonio fallido. Se necesita coraje para admitir que algunos caminos llevan a callejones sin salida".

Sujata reflexionó sobre las palabras de Bhante. Se dio cuenta de que rendirse no era debilidad; era sabiduría. Decidió poner fin a su relación amarga con Rajiv, aunque eso significara enfrentar la incertidumbre.

Con el paso de los días, Sujata se enfocó en su propio crecimiento, ganando confianza. Un pájaro sentado en un árbol nunca tiene miedo de que la rama se rompa, porque su confianza no está en la rama, sino en sus propias alas. Sujata comenzó a confiar en sus propias alas. Siempre cree en ti mism@.

Persiguió su pasión por la pintura, abriendo un pequeño estudio de arte. La Flor de Loto se convirtió en su musa, el símbolo de la resistencia y la rendición. Sus pinturas adornaban las paredes, capturando el delicado equilibrio entre la aceptación y la transformación.

Una mañana, Sujata se despertó y encontró una hermosa flor flotando en el recipiente de agua de su estudio. Sus pétalos estaban inmaculados, sin tocar por el agua turbia. Las lágrimas brotaron de sus ojos al entender el mensaje: La Flor de Loto había florecido dentro de su corazón.

Y así, Sujata aprendió que la rendición no era derrota; era liberación. Dejó ir la relación fallida, dando espacio para nuevos comienzos. Su carrera floreció, y encontró paz en el simple acto de entregarse a las corrientes de la vida.

Cada vez que los aldeanos visitaban su estudio, se maravillaban de las pinturas de Flores de Loto.

Y así, el corazón de Sujata se convirtió en una Flor de Loto, un testimonio de fuerza, rendición y la belleza que surge al dejar ir.

Que todos encontremos el coraje para rendirnos cuando el cambio no sea posible, y que nuestros corazones florezcan como esta flor, independientemente de las aguas turbias de la vida.

La Historia de - "El Dilema del Mono"

En el corazón de Sudamérica, África y Asia, se desarrolla un cuento atemporal, una lección que trasciende fronteras y culturas. Es una historia de monos, calabazas y el delicado equilibrio entre el deseo y la libertad.

La Trampa Ingeniosa:

Los nativos en estas tierras lejanas han ideado un método astuto para atrapar a monos desprevenidos. ¿Su herramienta? Una humilde calabaza, modesta pero potente. Así es como funciona: cuidadosamente perforan un agujero en la calabaza, justo lo suficientemente grande para que la mano de un mono se deslice. Luego, atan una cuerda a la calabaza, asegurándose de que quede anclada. Finalmente, colocan un premio tentador, como una nuez o una fruta jugosa, dentro de la calabaza y la posicionan donde es probable que los monos curiosos la descubran.

El Dilema del Mono:

Imagina a un mono curioso encontrándose con esta calabaza peculiar. Impulsado por el hambre, introduce su mano a través del agujero, agarrando el sabroso bocado dentro. Pero aquí está el giro: el puño cerrado del mono, envuelto alrededor del premio, no puede escapar. El agujero, diseñado para la entrada, se convierte en una prisión para el codicioso. Y la calabaza, amarrada con la cuerda, desafía los intentos del mono de huir.

La Ilusión de la Posesión:

El dilema del mono parece absurdamente simple de resolver. Todo lo que tiene que hacer es soltar su agarre sobre el cebo y la libertad lo espera. Sin embargo, cegado por el apego, se aferra desesperadamente. El premio, aunque escaso, se convierte en su posesión, un símbolo de propiedad. Temeroso de la pérdida, el mono sacrifica la libertad por un placer fugaz.

La Paradoja Humana:

Como observadores, sacudimos nuestras cabezas ante la locura del mono. ¡Qué tonto, pensamos, intercambiar la libertad por un bocado! Pero ¿no reflejamos este comportamiento? Nuestras trampas son más sutiles, tejidas de deseos, miedos y apegos. La prisión más difícil de escapar es nuestra mente. Nos aferramos a posesiones, relaciones y creencias, sin darnos cuenta de que nuestros puños nos aprisionan. Nosotros, también, renunciamos a la libertad por ganancias transitorias.

Liberarse:

A diferencia del mono, poseemos conciencia. Podemos reconocer nuestras trampas autoimpuestas, los apegos que nos atan. Dejar ir, aunque parezca difícil, es la clave de la liberación. El premio al que nos aferramos ya sea material o emocional, a menudo palidece en importancia en comparación con la vasta libertad que se encuentra más allá.

La Elección:

Entonces, seamos conscientes. Cuando nos encontramos atrapados, con las palmas apretadas alrededor de ilusiones, debemos hacer una pausa. ¿Vale esta posesión nuestra libertad? ¿Podemos soltar el cebo y recuperar nuestra verdadera naturaleza? El dilema del mono resuena en nuestros corazones, instándonos a elegir sabiamente.

Recuerda: la mayoría de las trampas de la vida son de nuestra propia creación. Seamos nosotros quienes soltemos, quienes trascendamos y quienes sobrepasemos los límites de la calabaza.

Que esta historia nos recuerde abrir nuestras manos, renunciar a lo que nos ata y abrazar el cielo sin límites de la libertad.

La Historia de – "Saliendo de la Zona de Confort"

La sabiduría antigua nos enseña: "Una zona de confort es un lugar hermoso, pero nunca crece nada allí". Para invitar la luz del crecimiento y la sabiduría a nuestras vidas, debemos aventurarnos en los lugares donde esta luz brilla con más intensidad.

Considera la notable historia de Hedy Lamarr. A pesar de ser una de las inventoras más importantes de su época, muchos desconocen el profundo impacto que tuvo al atreverse a salir de su zona de confort. Conocida en las décadas de 1930 y 1940 como el epítome del glamour de Hollywood, Lamarr no solo era la "mujer más hermosa del mundo", sino también una inventora pionera cuya pasión por la ciencia y la ingeniería dejó una marca indeleble en el mundo.

Durante la turbulencia de la Segunda Guerra Mundial, Lamarr identificó un problema crítico: los submarinos alemanes estaban interfiriendo las señales de radio estadounidenses, haciendo que los torpedos de Estados Unidos fueran ineficaces. Colaborando con el compositor George Antheil, aplicó ingeniosamente principios similares a los del rollo de piano para desarrollar un método para cambiar las señales de comunicación a través de 88 frecuencias, reflejando las 88 teclas de un piano. Este método de cambio de frecuencia permitió la comunicación segura entre barcos o submarinos y sus torpedos, evitando la detección enemiga.

Su invención, patentada en 1942 (Patente de EE. UU. No. 2,292,387), sentó las bases para tecnologías que ahora consideramos esenciales: Bluetooth, GPS y Wi-Fi. La transformación de Lamarr desde una actriz celebrada hasta una figura clave en el avance tecnológico, ejemplifica el profundo impacto de aventurarse fuera de la zona de confort.

La historia de Lamarr brilla como una luz guía, mostrándonos que dentro de cada uno de nosotros yacen ideas e inventos dormidos, esperando ser despertados por nuestra valentía y disposición para explorar. Mientras emprendemos nuestros propios caminos de crecimiento personal y espiritual, saquemos inspiración de su ejemplo. Acojamos la introspección y el coraje necesarios para enfrentar lo desconocido. Al hacerlo, nos abrimos a la transformación, el crecimiento y la realización de nuestro máximo potencial.

Permite que esta ética de exploración y apertura impregne nuestras prácticas diarias, alentándonos a crecer no solo física, sino también mental y espiritualmente. Pregúntate a ti mismo: ¿qué contribuciones únicas tienes dentro de ti, listas para marcar la diferencia en el mundo?

CAPÍTULO OCHO – PODEMOS JUZGAR UN LIBRO POR SU PORTADA

A menudo percibimos el mundo a través de un velo de suposiciones, emitiendo juicios basados en meras apariencias, comportamientos y acciones fugaces. Sin embargo, ¿qué pasaría si pudiéramos levantar este velo y mirar en las profundidades de cada alma? ¿Qué pasaría si pudiéramos ver más allá de la superficie, reconociendo que cada ser lleva consigo su propio mosaico intricado de luchas, esperanzas y sueños?

Cuando juzgamos a otro, no solo pisoteamos los delicados pétalos de la equidad, sino que también herimos nuestros propios corazones. Nuestras evaluaciones apresuradas pueden etiquetar a alguien como grosero, perezoso o irresponsable, sin embargo, estas etiquetas son apenas frágiles barquitos de papel a la deriva en un océano de ignorancia. Debajo de las olas yacen corrientes ocultas: sus batallas personales, sus victorias silenciosas y las tormentas que enfrentan.

Considera la flor de Loto, emergiendo de aguas turbias para florecer en una belleza prístina. De manera similar, cada persona alberga su propia historia, una narrativa grabada por las pinceladas de la vida. Juzgar es negarles su viaje único, pasar por alto la sinfonía de su existencia.

Y así, caminemos con cuidado sobre la tierra, porque nuestros juicios se expanden hacia afuera. Cuando etiquetamos a otro, podemos herir sin darnos cuenta su espíritu, haciéndolos sentir incomprendidos, rechazados o inferiores. Sin embargo, en este baile de percepción, también nos hacemos daño a nosotros mismos. Nuestras mentes, como puños apretados, cierran caminos de crecimiento y entendimiento.

En lugar de eso, seamos viajeros compasivos. La curiosidad se convierte en nuestra brújula, guiándonos hacia la comprensión. Buscamos desentrañar los hilos de sus experiencias, conocer por dónde han caminado, qué tormentas han enfrentado y qué frágiles puentes han cruzado. Porque dentro de sus luchas yacen las semillas de la resiliencia, esperando florecer.

La gente a menudo construye muros, sin darse cuenta de que los puentes conectan corazones. La soledad, como una niebla silenciosa, se asienta sobre aquellos que se aíslan. Seamos arquitectos de la conexión, tejiendo puentes de empatía y comprensión. Honramos sus fortalezas, incluso mientras reconocemos sus vulnerabilidades. En este viaje compartido, extendemos nuestras manos, ofreciendo apoyo y amabilidad. Rumi escribió: "¿Por qué luchar para abrir una puerta entre nosotros cuando toda la pared es una ilusión"? Los juicios pueden formar esa pared ilusoria.

Como la Flor de Loto que se eleva del agua turbia, así también podemos elevarnos por encima del juicio. Que nuestros corazones sean el suelo fértil donde florece la compasión, y que nuestras acciones reflejen la amabilidad que deseamos recibir. Porque al tratar a los demás con dignidad, honramos la divinidad que hay dentro de todos nosotros.

Que nuestros pasos sean suaves, nuestros ojos abiertos y nuestros corazones infinitos.

La Historia de - "El Ladrón de Galletas"

En la quietud de una terminal de aeropuerto, donde las luces fluorescentes zumbaban y los viajeros se movían como fantasmas inquietos, se desenvolvía una danza kármica, un relato tejido con hilos de impermanencia y destino compartido.

Anku, una viajera cansada, acababa de comprar una botella de agua y una bolsa de galletas con chispas de chocolate a un precio excesivo en un quiosco de snacks del aeropuerto. Encontró lo que pensó que era un lugar tranquilo y reconfortante para leer un nuevo libro. Sus páginas susurraban verdades antiguas, y se perdió en el laberinto manchado de tinta. Pero el destino tenía otros planes. A su lado se sentó un hombre, quizás un Bodhisattva disfrazado, que audazmente metió la mano en su bolsa de galletas y tomó una.

La irritación de Anku aumentaba. Contaba los minutos, su paciencia deshilachándose como una vieja bandera de oración en el viento. "Si no fuera tan amable", pensó, "le oscurecería el ojo con este libro".

Con cada galleta robada, el hombre reflejaba sus acciones. Cuando solo quedaba una, Anku se preguntaba: ¿La partiría por la mitad? Su sonrisa reveló la respuesta, cuando tomó la última galleta y la partió por la mitad, entregándole una mitad a ella. El universo se rió entre dientes.

"Qué grosero", murmuró, arrebatando su mitad. Pero los ojos del hombre no mostraban ofensa. En cambio, susurraban: "Todos somos viajeros en este vuelo kármico".

Cuando anunciaron su vuelo, Anku recogió sus pertenencias, negándose a mirar atrás al descarado ladrón. Abordó el avión, se hundió en su asiento y buscó su libro. Pero en su lugar, entre sus pertenencias, yacía su bolsa de galletas sin abrir, milagrosamente devuelta.

La desesperación la invadió. "Si las mías están aquí", gimió, "las otras eran de él". La verdad la golpeó como una campana de templo: ella había sido la ladrona de galletas todo el tiempo.

En ese momento, Anku vislumbró la interconexión de todos los seres. El hombre, las galletas, el vuelo eran solo olas transitorias en el vasto océano de la existencia. Cerró los ojos, susurró una disculpa silenciosa y se prometió saborear cada galleta, cada encuentro, como si fuera el último.

Y así, mientras el avión ascendía, Anku sostenía su media galleta, su dulzura mezclándose con el arrepentimiento. Quizás, solo quizás, el hombre que había estado a su lado sonreía, sabiendo que, en esta imperfección compartida, habían intercambiado más que galletas; habían tocado el corazón de la compasión.

Que todos aprendamos del vuelo de Anku, porque a veces, las lecciones más grandes se despliegan en los actos más simples de amabilidad. ("El ladrón de galletas" es una historia a menudo atribuida a Valerie Cox)

No juzgamos a las personas a las que amamos; juzgamos a las personas a las que tememos.

En nuestros encuentros con los demás, evitemos el juicio, ya que no podemos comprender verdaderamente las batallas internas que libran, ni la validez de nuestra propia perspectiva. Cada persona lleva consigo su lucha única y navega por la vida con lo mejor que posee. El respeto, la compasión y la aceptación son sus derechos. Al abrazar la comprensión en lugar del juicio, contribuimos a un mundo más armonioso, tanto para nosotros mismos como para todos los seres.

Cuando juzgamos, revelamos nuestras propias heridas. Cuando encontramos estos disparadores, seamos agradecidos, pues señalan dónde no somos verdaderamente libres dentro de nosotros mismos. Como sabiamente observó Rumi, "Estos dolores que sientes son mensajeros; escúchalos". Nuestros juicios a menudo se derivan de nuestras inseguridades, miedos y problemas no resueltos. Son espejos que reflejan nuestro paisaje interior. En lugar de proyectarnos sobre los demás, miremos hacia adentro, buscando sanación y autocompasión.

El juicio levanta barreras, alejándonos de la conexión genuina. Cuando etiquetamos a los demás, renunciamos a la oportunidad de aprender, crecer y amar. Un antiguo dicho amish aconseja: "Ponte en su lugar, en lugar de ponerlos en el tuyo". La empatía se convierte en nuestro sextante. Nos esforzamos por percibir el mundo a través de sus ojos, apreciando sus fortalezas, reconociendo sus luchas y celebrando sus victorias.

Nuestro viaje de sanación comienza dentro de nosotros. La aceptación de nuestras fallas, el perdón —para nosotros mismos y para los demás— y la búsqueda de orientación cuando sea necesario, son pasos hacia la integridad. Al mismo tiempo, extendemos la sanación al mundo. A través de la bondad, la unidad y la esperanza, sembramos semillas de positividad y paz.

Recuerda las palabras de Paramhansa Yogananda: "Algunas personas intentan ser altas cortando la cabeza de los demás". Cada juicio revela una herida interna, instándonos a atender nuestra propia sanación con compasión y gracia.

"Al final de la vida, no seremos juzgados por cuántos diplomas hemos recibido, cuánto dinero hemos ganado, cuántas cosas grandiosas hemos hecho. Seremos juzgados por: tuve hambre, y me diste de comer; estuve desnudo y me vestiste; estuve sin hogar y me acogiste. Hambriento no solo de pan, sino hambriento de amor. Desnudo no solo de ropa, sino desnudo de dignidad humana y respeto. Sin hogar no solo por falta de un cuarto de ladrillos, sino sin hogar debido al rechazo".

- Madre Teresa

La Historia de – "El Conejo Muerto"

Érase una vez, en un barrio tranquilo entre colinas ondulantes, vivía un hombre llamado Sr. Jones. Su relación con sus vecinos de al lado, la familia López, era todo menos armoniosa. El aire entre sus casas chisporroteaba con tensión, como relámpagos en una calurosa noche de Agosto.

El Sr. Jones era dueño de un leal perro labrador llamado Toby. Este perro enérgico tenía una tendencia a escaparse de los confines del patio del Sr. Jones. Las travesuras de Toby eran legendarias: deambulaba por las calles, persiguiendo ardillas y trayendo a casa toda clase de criaturas fallecidas. Aves, ratones e incluso la ocasional ardilla adornaban el umbral del Sr. Jones, presentadas por Toby como si fueran regalos preciosos.

Un dia, la familia López decidió añadir un nuevo miembro a su hogar: un gran y esponjoso conejo blanco. Ana, la hija de los López, llamó al conejo "Esponjoso". El conejo saltaba por su patio, ajeno al drama que se desarrollaba al lado.

Pero el destino tenía otros planes. El Sr. Jones regresó a casa del trabajo y se encontró con una escena de caos. Allí, en las mandíbulas babosas de

Toby, yacía el pobre Esponjoso: el conejo una vez animado, ahora sin vida. El pánico se apoderó del Sr. Jones. Se imaginó la ira de la familia López, su enojo hirviendo como un fuego oculto.

La desesperación se apoderó de él. No podía soportar la idea de su eterno desprecio. Entonces, hizo algo tanto extraño como compasivo. El Sr. Jones llevó al conejo mordisqueado a su casa, lavó suavemente su pelaje y lo secó con aire hasta que se esponjó como una nube. Luego, con manos temblorosas, devolvió a Esponjoso a la jaula en el patio de los López, esperando que creyeran que había fallecido naturalmente.

Pasaron los días, y la familia López lloró la pérdida de su querida mascota. Ana lloraba, y sus padres la consolaban. Pero les esperaba el giro más extraño. Una soleada mañana, mientras la vecina regaba sus plantas, se acercó al Sr. Jones.

"¿Oíste que Esponjoso murió?" preguntó, mirándolo a los ojos.

El Sr. Jones titubeó con sus palabras. "Um... no, um... ¿qué pasó?"

La expresión de la vecina se volvió perpleja. "Lo encontramos muerto en su jaula un día", dijo. "Pero aquí está la parte realmente extraña: al día siguiente de enterrarlo, descubrimos que alguien había exhumado a Esponjoso, le había dado un baño y lo había vuelto a colocar en la jaula. Es como si alguna mano invisible lo hubiera cuidado más allá de la muerte".

El Sr. Jones parpadeó, contemplando el misterioso giro de los acontecimientos. Quizás, solo quizás, existía una fuerza mayor que la mezquindad humana: una bondad cósmica que trascendía vallas y rencores. Y en ese momento, vislumbró la interconexión de todos los seres, los delicados hilos que tejían sus vidas juntas.

Mientras el sol se hundía bajo el horizonte, el Sr. Jones y su vecina se quedaron allí, compartiendo una comprensión silenciosa. Tal vez, solo tal vez, la compasión podría reparar cercas, incluso cuando el mundo parecía inflexible. Y así, en la quietud de esa noche, ambos se maravillaron del extraño resurgimiento de Esponjoso, preguntándose si era una lección del propio universo.

¿Y Toby? Bueno, continuó con sus escapadas, completamente ajeno al profundo impacto que había generado, con un animalito mordisqueado cada vez.

CAPÍTULO NUEVE – MIENTRAS MÁS TRABAJE, MÁS FELIZ SERÉ

El trabajo duro es necesario para lograr el éxito y cumplir nuestro potencial. Se requiere dedicación, disciplina y perseverancia.

El trabajo duro puede ayudarnos a superar desafíos, aprender nuevas habilidades y alcanzar metas. Incluso puede ser gratificante. Hay un viejo dicho que dice: "Cuando cortas tu propia leña, te calientas dos veces". Sin embargo, el trabajo duro por sí solo no es suficiente para vivir una vida feliz y significativa. También es importante encontrar un equilibrio entre el trabajo y la vida personal.

El equilibrio significa tener suficiente tiempo y energía tanto para el trabajo como para el disfrute. Significa poder disfrutar de los frutos de nuestro trabajo, así como de las relaciones y pasatiempos que hacen que la vida valga la pena. El equilibrio también implica cuidar de nuestra salud física, mental y emocional. Significa evitar el estrés, el agotamiento y la extenuación que pueden resultar del exceso de trabajo.

Encontrar un equilibrio entre el trabajo y la vida personal no siempre es fácil. Requiere establecer prioridades, manejar expectativas y hacer compromisos. También requiere ser flexible, adaptable y resiliente. A veces, el equilibrio puede significar decir no a algunas oportunidades, delegar algunas tareas o pedir ayuda. A veces, el equilibrio puede significar tomar un descanso, cambiar nuestra rutina o probar algo nuevo.

Al final de la vida, la mayoría de las personas mayores dirán que hay muchas cosas que desearían haber hecho más en su vida, pero trabajar más duro en su carrera no es una de ellas. De hecho, no son las cosas que hicieron en la vida las que lamentan, sino las cosas que nunca pudieron hacer, porque el trabajo se interpuso. Pueden lamentar no pasar suficiente tiempo con sus seres queridos, o no perseguir sus pasiones, o no explorar el mundo. Pueden lamentar no vivir auténticamente, o no expresarse, o no marcar la diferencia.

El Budismo enseña que la raíz del sufrimiento es el apego, que es la tendencia a aferrarse a cosas que son impermanentes e insatisfactorias.

Esto incluye el apego a nuestro trabajo, logros, posesiones, estatus y ego. Cuando nos apegamos a estas cosas, nos volvemos dependientes de ellas para la felicidad y sufrimos cuando cambian, desaparecen o no cumplen con nuestras expectativas. El Budismo también enseña que la forma de superar el apego es desarrollar el discernimiento para ver las cosas como realmente son, sin distorsión, ni ilusión. El discernimiento ayuda a uno a darse cuenta de que todo es interdependiente, impermanente y vacío de existencia inherente, y que nuestra verdadera naturaleza es la conciencia, la compasión y la libertad.

El Dalai Lama, cuando le preguntaron qué le sorprendía más de la humanidad, respondió: "¡El hombre! Porque sacrifica su salud para hacer dinero. Luego sacrifica dinero para recuperar su salud. Y luego está tan ansioso por el futuro que no disfruta del presente; el resultado es que no vive en el presente ni en el futuro; vive como si nunca fuera a morir, y luego muere sin haber vivido realmente".

El yoga ayuda a lograr un equilibrio entre el trabajo y la vida personal. Filosóficamente, el yoga enseña que debemos vivir como si fuéramos a morir mañana, pero aprender como si fuéramos a vivir para siempre. Debemos estar abiertos a todo y no estar apegados a nada.

Físicamente, la práctica del yoga ayuda a mejorar nuestra salud, vitalidad y flexibilidad, así como nuestra concentración, calma y claridad. También nos ayuda a cultivar la atención plena, que es la cualidad de estar completamente presente y consciente de nuestra experiencia, sin juicio, ni distracción.

Defino el momento presente como una porción muy especial de tiempo. Ahora mismo, por ejemplo, nunca has sido tan viejo antes y nunca volverás a ser tan joven. En poco tiempo, esto será hace mucho tiempo, así que no lo malgastemos.

Mindfulness o Atención plena es la práctica de prestar atención al momento presente, sin juicio, y con curiosidad y compasión. Nos ayuda a enfocarnos en lo que importa y dejar ir lo que no. Al cultivar una mentalidad positiva, la atención plena nos permite apreciar la belleza y la riqueza de la vida, y expresar gratitud y amabilidad hacia nosotros mismos y hacia los demás.

Contrario a la creencia popular en la "multitarea"_ la ciencia ha demostrado que no podemos pensar en dos cosas al mismo tiempo. Es simplemente imposible. Como sabiamente decían los Nativos Americanos, "Cuando intentas atrapar dos conejos, terminas sin atrapar ninguno" y "Aquellos que tienen un pie en la canoa y otro en la orilla, terminarán cayendo al río". La atención plena nos enseña a concentrarnos en una cosa a la vez y a iluminarla con nuestra conciencia.

Mindfulness o atención plena es un estado de 'conciencia desnuda' que se puede practicar en cualquier actividad, como respirar, caminar, comer o trabajar. A menudo se asocia la atención plena con el Budismo, pero también se encuentra en muchas otras tradiciones.

La atención plena ayuda a lograr un equilibrio entre el trabajo y la vida personal al ayudarnos a lidiar con el estrés, las emociones y los desafíos, así como al mejorar nuestra creatividad, productividad y felicidad. El estrés no es lo que nos sucede. El estrés es nuestra respuesta a lo que nos sucede. Con la atención plena, aprendemos que nuestra respuesta es una cosa sobre la que realmente tenemos poder. La atención plena también ayuda a alinear nuestras acciones con nuestros valores y objetivos y vivir de manera auténtica y significativa.

Parte de ser humano es experimentar dualidades. Dentro de cada uno de nosotros yace tanto la fortaleza como la debilidad; la oscuridad y la luz; la felicidad y la tristeza. El símbolo taoísta del yin y el yang nos recuerda que el equilibrio no se trata de tener cantidades iguales de todo, sino más bien de encontrar la proporción correcta y la integración de los diferentes elementos que componen nuestras vidas.

YIN / YANG

Yin and Yang are like two sides of the same coin - one cannot exist without the other.
Yin / Yang become a metaphor for understanding the nature of the universe.

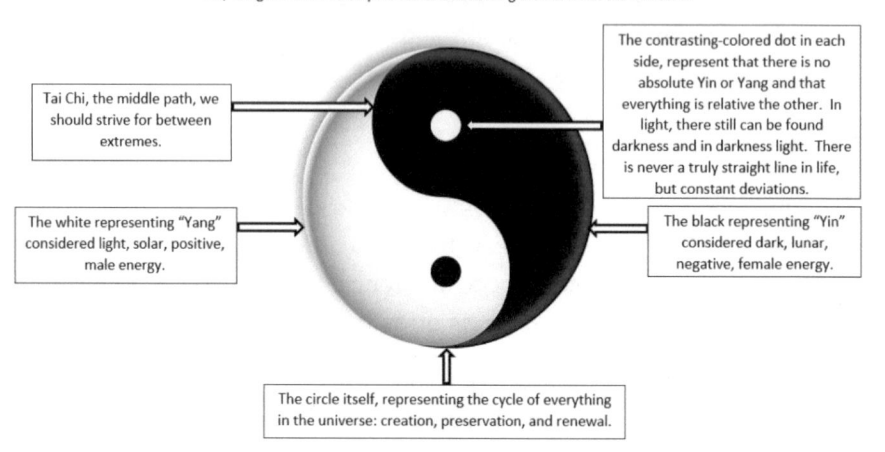

Tai Chi, the middle path, we should strive for between extremes.

The contrasting-colored dot in each side, represent that there is no absolute Yin or Yang and that everything is relative the other. In light, there still can be found darkness and in darkness light. There is never a truly straight line in life, but constant deviations.

The white representing "Yang" considered light, solar, positive, male energy.

The black representing "Yin" considered dark, lunar, negative, female energy.

The circle itself, representing the cycle of everything in the universe: creation, preservation, and renewal.

Yin y Yang representan las fuerzas complementarias e interdependientes de la naturaleza, como la luz y la oscuridad, el calor y el frío, lo activo y lo pasivo, lo masculino y lo femenino, y así sucesivamente. Estas fuerzas no son opuestas, sino que se complementan entre sí y crean un equilibrio dinámico. Sin la oscuridad, no sería posible ver las estrellas.

De manera similar, en nuestras vidas, necesitamos equilibrar las diferentes dimensiones de nuestro bienestar, como nuestra salud física, mental, emocional, social y espiritual. También necesitamos equilibrar nuestro trabajo y vida personal, que no son dominios separados, sino que se influyen y enriquecen mutuamente. Por ejemplo, nuestro trabajo puede proporcionarnos un sentido de propósito, logro e ingresos, mientras que nuestra vida personal puede ofrecernos amor, apoyo y alegría.

Sin embargo, encontrar el equilibrio adecuado no es fácil y puede variar según nuestras circunstancias, preferencias y objetivos. A veces, podemos tener que priorizar un aspecto de nuestra vida sobre otro, según la situación y la urgencia. Por ejemplo, podemos tener que trabajar horas extras para cumplir con un plazo, o podemos tener que tomar un día libre para cuidar a un familiar enfermo. La clave es ser flexible y adaptable, y comunicar nuestras necesidades y expectativas con los demás.

Además, encontrar el equilibrio no es un evento único, sino más bien un proceso continuo de autorreflexión y ajuste. Necesitamos evaluar regularmente cómo estamos gastando nuestro tiempo y energía, y si estamos satisfechos con los resultados. También necesitamos reconocer y respetar nuestros propios límites, y buscar ayuda cuando la necesitemos. Necesitamos practicar el autocuidado y la autocompasión, y apreciar los aspectos positivos de nuestras vidas.

Aplicando algunos conceptos y prácticas del Budismo, el yoga y la atención plena, uno puede encontrar equilibrio en su trabajo y vida personal y disfrutar de los beneficios de ambos. Uno puede trabajar duro, pero no demasiado duro, y lograr el éxito, pero no a expensas de su felicidad. Uno también puede disfrutar de su vida personal, pero no demasiado, y evitar el exceso, la pereza o el escapismo. Uno puede encontrar un camino intermedio, una armonía y un equilibrio, que conduzcan a una vida satisfactoria y plena.

Como dijo Brendon Burchard, "Al final, solo tres cosas realmente importarán, ¿realmente viví, realmente amé y realmente importé"? Por lo tanto, es sabio encontrar equilibrio en nuestro trabajo y vida personal, mientras aún podemos. No solo es beneficioso para nuestro bienestar, sino también para nuestra productividad y creatividad. No solo se trata de cantidad, sino también de calidad. No solo es una forma de trabajar, sino también una forma de vivir.

La Historia de – "Rompiendo Patrones de Sufrimiento"

Había una vez un hombre que tenía una exitosa carrera como comerciante de especias. Era muy ambicioso y competitivo y trabajaba arduamente para hacer crecer su imperio de especias y ganar mucho dinero. Estaba muy apegado a su trabajo y a su reputación, y pensaba que eso le hacían feliz. Estaba orgulloso de sus logros y de su estatus, menospreciando a los que eran menos exitosos que él.

Llevaba estas emociones consigo a lo largo de su vida e influían en sus elecciones y acciones. Sin comprender la necesidad de equilibrio, descuidaba a su familia y amigos y a menudo sacrificaba su salud y bienestar por su trabajo. Estaba contento con su trabajo, pero sentía que no era lo suficientemente feliz. Siempre quería más reconocimiento, más dinero, más poder. Estaba constantemente buscando validación y aprobación de los demás, pero nunca se sentía satisfecho o realizado.

No era consciente de que estaba creando su propio sufrimiento al revivir sus tendencias emocionales profundas, o samskaras. Los samskaras son las impresiones o huellas que quedan en nuestra mente por nuestras experiencias pasadas, pensamientos y emociones. Dan forma a nuestros hábitos, patrones y reacciones, e influyen en nuestra percepción de la realidad. A menudo son inconscientes, automáticos y pueden ser positivos o negativos. Son un poco como una piedra de amolar y pueden afilarnos o desgastarnos. ¿Por qué repetimos comportamientos que constantemente oscurecen nuestra luz?

Se vuelven como surcos en un camino fangoso. Cuanto más a menudo las ruedas del carro viajan sobre ellos, más profundos se cortan los surcos en el barro; más difícil es para las ruedas del carro salir de ellos. Cuanto más repetimos estas tendencias emocionales (samskaras), más profundamente se arraigan en nosotros y más difícil es liberarse de ellas.

Los samskaras del hombre eran en su mayoría positivas, pero lo llevaban a ver el mundo y a sí mismo de manera distorsionada. Estaba apegado a su placer y éxito y se identificaba con ellas como su verdadero yo. También era reacio a todo lo que desafiaba o contradecía sus puntos de vista y resistía cualquier cambio o crecimiento. Estaba atrapado en un ciclo de dukkha, la insatisfacción de la vida.

Un día, conoció a una mujer que era practicante Budista. Era amable, compasiva y sabia. Vio el potencial y la belleza del hombre, y quería ayudarlo a superar su sufrimiento. Lo introdujo en las enseñanzas del Buda y le explicó las cuatro nobles verdades.

Las cuatro nobles verdades del Budismo son la esencia de las enseñanzas del Buda. Son:

Uno - La verdad del sufrimiento (dukkha): La vida implica sufrimiento e impermanencia.

Dos - La verdad de la causa del sufrimiento (samudaya): El sufrimiento es causado por los apegos a las cosas, que por su propia naturaleza son impermanentes; el deseo (tanha) de placeres sensoriales, la existencia o la no existencia.

Tres - La verdad del fin del sufrimiento (nirodha): El sufrimiento puede cesar mediante el desapego; dejando ir el deseo y alcanzando el nirvana, el estado de paz y liberación.

Cuatro - La verdad del camino que conduce al fin del sufrimiento (magga): El camino para poner fin al sufrimiento es seguir el noble sendero óctuple, que consiste en la visión correcta, la intención correcta, el habla correcta, la acción correcta, el sustento correcto, el esfuerzo correcto, la atención correcta y la concentración correcta.

Si sigues las enseñanzas del Buda, dijo ella, desarrollarás el discernimiento, que es la capacidad de ver las cosas tal como son, sin distorsión ni ilusión. También desarrollarás la compasión, que es la capacidad de cuidar a los demás y a ti mismo, sin apego ni aversión. Entonces estarás libre de dukkha y alcanzarás la felicidad suprema del nirvana.

El hombre quedó intrigado por las palabras de la mujer. Sintió una chispa de curiosidad e interés, y le preguntó a la mujer: "¿Puedes enseñarme más sobre las enseñanzas del Buda? ¿Puedes mostrarme el camino para superar el dukkha y alcanzar el nirvana"?

La mujer dijo: "Puedo enseñarte más sobre las enseñanzas del Buda, pero no puedo mostrarte el camino. Tienes que recorrer el camino tú mismo, con tu propio esfuerzo y sabiduría. Tienes que ver por ti mismo la verdad del dukkha y la verdad de poder poner fin a tu sufrimiento. Tienes que practicar el sendero óctuple y cultivar el discernimiento y la compasión.

El hombre decidió aprender más sobre las enseñanzas del Buda y practicar el sendero óctuple. También decidió equilibrar su vida laboral y personal, y compartir su riqueza y felicidad con su familia, amigos y la sociedad. Gradualmente, se volvió menos apegado a su trabajo y a su reputación, y más consciente de la impermanencia.

También se volvió más compasivo y generoso, y menos orgulloso y arrogante. Se dio cuenta de que su verdadera felicidad no dependía de cosas externas, sino de su propia mente y corazón. Eventualmente, alcanzó la verdadera felicidad (nirvana) y se convirtió en monje para compartir su dicha con los demás.

La historia ilustra cómo atraemos nuestro propio sufrimiento al revivir nuestras tendencias emocionales profundas, o samskaras. Estos samskaras son el resultado de nuestra ignorancia y anhelo, que son las causas raíz del dukkha. Cuando estamos apegados a nuestro trabajo, nuestros logros, nuestras posesiones, nuestro estatus o nuestro ego, sufrimos cuando cambian, desaparecen o no cumplen con nuestras expectativas. También sufrimos cuando tenemos aversión a cualquier cosa que desafíe o contradiga nuestras opiniones, y resistimos cualquier cambio o crecimiento.

La historia también muestra cómo podemos superar nuestro sufrimiento al aprender la lección de los samskaras. La lección es ver las cosas como realmente son, sin distorsión o ilusión. Esto significa ver la impermanencia, incluida en nuestro trabajo, nuestros logros, nuestras posesiones, nuestro estatus y nuestro ego. Esto también significa ver la interdependencia, la compasión y la sabiduría de todos los fenómenos, incluidos nosotros mismos y los demás.

Cuando vemos las cosas como realmente son, podemos soltar nuestro apego y aversión, y podemos cultivar el discernimiento y la compasión. Entonces podemos liberarnos del dukkha y alcanzar la suprema felicidad del nirvana. Cuando aprendemos la lección de los samskaras, estos se disuelven y desaparecen, y dejamos de sufrir. Experimentamos paz y alegría, y la compartimos con los demás.

CAPÍTULO DIEZ – HAZ A LOS DEMÁS ANTES DE QUE ELLOS TE LO HAGAN A TI

La honestidad o Satya, es un principio fundamental en la práctica del yoga. Es el segundo de los Yamas _ las pautas éticas delineadas en el sendero óctuple del yoga. Satya nos anima a ser sinceros en nuestros pensamientos, palabras y acciones. Pero ¿por qué es tan crucial la honestidad?

Imagina a un yogui sentado en meditación, buscando paz interior y autoconciencia. La honestidad se convierte en la base sobre la cual descansa este viaje.

Auto-reflexión y Autenticidad: Cuando abrazamos la honestidad, miramos hacia adentro con claridad. Reconocemos nuestras fortalezas y debilidades, sin juzgar. La autenticidad surge de esta auto-reflexión, permitiéndonos conectar con nuestra verdadera esencia. Mientras podemos mentirle al mundo, nunca podemos mentirnos a nosotros mismos. Conocemos nuestras verdades y estamos agobiados por las falsedades.

Confianza en las Relaciones: La deshonestidad erosiona la confianza. ¿Has notado cómo las personas deshonestas a menudo dudan de los demás? Su falta de integridad se filtra en sus interacciones, causando sospecha y relaciones tensas. En contraste, un corazón honesto fomenta la confianza y la apertura.

El yoga nos enseña que cuando se nos presenta la opción entre ser amables o ser brutalmente honestos, debemos elegir la amabilidad y preferir el silencio sobre expresar cualquier cosa negativa.

El yoga nos enseña a elegir nuestras palabras sabiamente. Cuando tropezamos y caemos, casi siempre podemos levantarnos de nuevo. Cuando, por ira, decimos algo hiriente, esas palabras nunca pueden ser devueltas a nuestra boca. Debemos vivir con las palabras que elegimos para expresar nuestros sentimientos internos.

Alineamiento con La Verdad Universal: Satya nos conecta con la verdad universal. Así como las raíces de un árbol lo anclan a la tierra, la honestidad nos afianza en la realidad. Cuando hablamos y actuamos con sinceridad, resonamos con el orden cósmico, creando armonía dentro y alrededor de nosotros.

Libertad de Culpa: Thich Nhat Hanh escribió: "Mis acciones son mis únicas verdaderas pertenencias. No puedo escapar de las consecuencias de mis acciones. Mis acciones son el terreno sobre el cual me encuentro". La deshonestidad pesa mucho en el alma. Crea nudos de culpa y ansiedad. La honestidad, por otro lado, desenreda estos nudos. Cuando vivimos y actuamos con verdad, nuestra conciencia permanece clara, permitiéndonos elevarnos libremente.

En su clásico libro, "La letra escarlata", Nathaniel Hawthorne escribió: "No conocía el peso, hasta que sintió la libertad". Hester Prynne, la protagonista de la historia ha sido obligada a llevar una conspicua letra escarlata "A" en su pecho como símbolo de su pecado: haber tenido un hijo fuera del matrimonio mientras su esposo estaba ausente. La letra escarlata representa su vergüenza, culpa y juicio social. Durante años, ha pesado mucho sobre ella, tanto física como emocionalmente.

Sin embargo, cuando Hester finalmente se quita la letra escarlata, experimenta una liberación inesperada. La carga que llevaba —el peso de su culpa, vergüenza, condena pública y aislamiento— se hace evidente solo cuando siente la nueva libertad sin ella. La letra escarlata la había confinado, pero su eliminación le permite respirar, sentir la atmósfera salvaje y sin restricciones de su propia existencia.

En este momento, Hester se da cuenta de que la verdadera libertad no reside en evitar las consecuencias, sino en enfrentarlas de frente. Al deshacerse del símbolo de su culpa, abraza una vida diferente, sin los juicios y normas sociales. La letra escarlata, una vez opresiva, se convierte en un catalizador para su transformación, guiándola hacia la redención y el autodescubrimiento.

Cuando hacemos algo que sabemos en nuestro corazón que está mal, y aun así lo hacemos, emocionalmente llevamos una letra escarlata de vergüenza y culpa. A menos que lo enfrentemos con honestidad y lo sanemos, será una carga pesada que llevaremos durante muchos años. La culpa puede ser tan pesada como el plomo.

En esencia, la cita sugiere que a veces no comprendemos completamente el peso de nuestras cargas hasta que experimentamos el alivio de su ausencia. El viaje de Hester desde la vergüenza hasta la libertad ejemplifica esta profunda realización.

Viviendo con Integridad: La honestidad es el puente que une los valores internos con las acciones externas. Es fácil proyectar una imagen falsa, pero la verdadera integridad radica en alinear nuestro comportamiento con nuestras creencias. Una vida honesta es una vida de congruencia.

Entonces, practiquemos Satya: hablando con verdad, actuando auténticamente y cultivando relaciones basadas en la confianza. Al hacerlo, abrimos el camino para conexiones saludables, felices y honestas con nosotros mismos y con el mundo.

Historia de – "Cristales y Chocolates: Un Cuento de Amistad y Fe"

Un niño y una niña eran amigos que compartían un interés en el Budismo. A menudo iban al templo local para aprender las enseñanzas del Buda y practicar el Dharma. El niño tenía una colección de cristales que había recibido de su abuelo. Los valoraba y los usaba para sus prácticas de meditación. La niña tenía una caja de chocolates que había comprado en un festival, y los amaba como una indulgencia especial.

Un día, el niño le mostró a la niña su colección de cristales, y ella quedó impresionada por sus colores y formas. A su vez, la niña le mostró al niño su caja de chocolates, y él quedó seducido por su aroma y sabor. Él era muy pobre económicamente, y su familia nunca podría permitirse un lujo como los chocolates.

El niño propuso que intercambiaran sus pertenencias, como señal de amistad y generosidad. Él dijo: "Te daré todos mis cristales si me das todos tus chocolates". La niña estuvo de acuerdo, ya que pensó que los cristales le ayudarían a recitar los mantras.

El niño le dio todos sus cristales, pero secretamente guardó uno, el más hermoso y significativo de todos, en su bolsillo. La niña cumplió su promesa y le dio todos sus chocolates.

Esa noche, la niña estaba feliz con el intercambio y durmió pacíficamente en su cama, teniendo dulces sueños.

Sin embargo, el niño no pudo dormir, ya que se preguntaba si la niña había ocultado algunos de sus chocolates, así como él hizo con el cristal.

A la mañana siguiente, el niño fue a ver a la niña y le preguntó: "¿Me diste todos tus chocolates ayer?" La niña respondió: "Sí, lo hice. ¿Por qué preguntas?" El niño dijo: "Porque no te di todos mis cristales. Guardé uno, el más precioso de todos, en mi bolsillo. Lo siento, fui codicioso y deshonesto. Por favor, perdóname y toma este cristal también".

La niña sonrió y dijo: "Sabía que habías guardado un cristal, porque recordaba cuál era tu favorito. Pero no me importó, porque yo también guardé un chocolate, el más exquisito de todos. Lo siento, también fui codiciosa y deshonesta. Por favor, perdóname y toma este chocolate también".

El niño y la niña se dieron cuenta de su error y se abrazaron. Se devolvieron las pertenencias y juraron practicar el Dharma más sincera y fielmente.

Moral

Si no das el 100% en tus relaciones, siempre asumirás que tu pareja tampoco dará el 100%. Lo que inviertas en una relación, es lo que recibirás. Como dice la Biblia, lo que siembras, cosechas. Si quieres que tus relaciones se basen en la confianza, debes ser un factor participante en eso.

La honestidad hace crecer tu carácter. Al ser honesto en las relaciones, haces que tu pareja sea responsable de hacer lo mismo. Te permite a ti y a tu pareja pensar continuamente en sus decisiones y cómo pueden ayudar (o dañar) a tu pareja y a tu relación.

"Ser profundamente amado por alguien te da fuerza, mientras que amar profundamente a alguien te da coraje". — Lao Tzu

CAPÍTULO ONCE – TODO LO MALO ME PASA A MÍ

La adversidad es una experiencia universal; ningún individuo pasa por la vida sin enfrentarse a desafíos. La esencia de nuestro carácter no está definida por las adversidades que enfrentamos, sino por nuestras respuestas a ellas. Las personas con una perspectiva pesimista tienden a aceptar su destino sin resistencia, mientras que aquellos con una perspectiva optimista ven estos desafíos como oportunidades de crecimiento y aprendizaje.

Es esencial cultivar la paciencia, ya que, así como aquellos que soportan la lluvia eventualmente son recibidos por el sol, la perseverancia en tiempos difíciles conduce a días más brillantes. Nuestras creencias dan forma a nuestra realidad: si confías en que las cosas saldrán bien, notarás oportunidades en todas partes. Por el contrario, si dudas de los resultados positivos, tu visión estará nublada por obstáculos.

Así como las tormentas moldean a los marineros expertos, la adversidad nos fortalece. Como árboles azotados por fuertes vientos, desarrollamos raíces profundas. Pero cuidado con las raíces superficiales, aquellas que nos hacen inestables y propensos a caer. Mientras más fuertes los vientos, más fuerte la madera.

En interiores, donde el viento está ausente o es mínimo, los árboles pueden no experimentar las mismas fuerzas que fomentan el crecimiento de raíces profundas en la naturaleza. Como resultado, sus raíces pueden permanecer relativamente superficiales.

Los botánicos que cultivan árboles altos en interiores, en centros comerciales y atrios de hoteles, luchan con esto; a menudo recurren al uso de ventiladores para crear viento artificial.

Rumi escribió: "Lo que te lastima te bendice; la oscuridad es tu vela. Estos dolores que sientes son mensajeros. Escúchalos". Cuando te enfrentes al dolor, considéralo un mensajero. Escucha su lección. Trata cada situación y persona como un maestro. ¿Qué están tratando de enseñarte hoy? Esta mentalidad es nuestro antídoto contra la derrota.

Cuando surjan obstáculos aparentemente insuperables, no te des por vencido. Afila tu espada e inventa tu camino hacia adelante. Lo que antes era un obstáculo para los débiles se convierte en un escalón en el camino de los fuertes. Solo enfrentando nuestros mayores miedos descubrimos nuestra verdadera fuerza.

La Historia de - "Quemando Nuestros Barcos"."

El 18 de febrero, en el año 1519, Hernán Cortés zarpó desde el bullicioso puerto de La Habana, Cuba, al mando de una flota de 11 barcos. Sus embarcaciones estaban cargadas con unos 600 hombres, caballos y una formidable variedad de artillería. Este viaje no era simplemente una travesía por el océano, sino el comienzo de una era monumental: la conquista española del Imperio Azteca, destinada a dejar una huella imborrable en la historia.

Cuando Cortés y sus hombres desembarcaron en las playas arenosas de lo que ahora es Veracruz, México, enfrentaron una decisión crucial que definiría el futuro de su expedición. En un acto audaz e irreversible, Cortés ordenó a sus hombres que hundieran sus barcos. Mientras las llamas consumían la madera, el mensaje era claro: no había vuelta atrás. Este paso drástico se tomó para evitar el motín, para cortar la tentación de retroceder a las comodidades familiares de Cuba.

Este momento en la costa de Veracruz se asemeja a una profunda rendición yóguica, un dejar ir el pasado para abrazar plenamente el momento presente y sus desafíos. En la filosofía yóguica, este acto de 'quemar los barcos' simboliza un compromiso profundo con la transformación. Es similar a la práctica de vairagya, o desapego, donde uno suelta su agarre en el pasado o el miedo al futuro desconocido, enfocándose en cambio en el potencial transformador del ahora.

Así como Cortés se aventuró en los vastos y desconocidos territorios del imperio azteca, también invita el viaje yóguico a sus practicantes a explorar los territorios desconocidos de sus paisajes interiores. Cada paso adelante es un movimiento hacia lo desconocido, un paso hacia conquistar los propios miedos e incertidumbres internas. La decisión de quemar los barcos es una poderosa metáfora de la atención plena y el concepto Budista de impermanencia, enseñándonos que en la destrucción de lo viejo se abre espacio para el crecimiento nuevo, nuevas experiencias y, en última instancia, nueva iluminación.

A través de la historia de Cortés, se nos recuerda el coraje que se necesita para avanzar en la vida, para abrazar el presente y para comprometernos con las aguas desconocidas de nuestro futuro sin una red de seguridad. Nos desafía a vivir en el momento, a comprometernos plenamente con nuestro camino y a confiar en el viaje de transformación.

Aceptando la Caída: Lecciones del Yoga y la Vida

En el espacio sereno de una clase de yoga, donde la respiración y el movimiento se entrelazan, nos encontramos en asanas: esas poses graciosas pero desafiantes. Es aquí donde tropezamos, tambaleamos y a veces caemos. Pero en esa caída yace una profunda lección: el arte de levantarse más fuerte.

La Caída y la Resiliencia: Cuando perdemos el equilibrio y caemos de una asana, no estamos fracasando; estamos aprendiendo. Cada tropiezo se convierte en un escalón hacia la maestría. La persona que cae y luego se levanta, determinada gana más que mera fuerza física. Cultivan resiliencia, una fortaleza interior que trasciende el mat.

El Miedo como Catalizador: El miedo, en dosis medidas, puede ser transformador. Nos insta a enfrentar nuestros límites, a ir más allá de las zonas de confort. El miedo a caer se convierte en el catalizador del crecimiento. A veces simplemente tenemos que confiar; saltar y desarrollar nuestras alas en el camino hacia abajo. Pero el miedo crónico, la ansiedad que nunca cede, agota nuestra vitalidad. Debemos reconocer cuándo el miedo nos sirve y cuándo nos paraliza.

Sanación en Medio del Caos: La vida gira a nuestro alrededor, implacable y exigente. En medio de este caos, debemos crear santuarios para sanar. Nuestro bienestar neurológico anhela un respiro. Si la vida no lo ofrece, debemos crearlo. El estrés crónico, si no se controla, se convierte en ansiedad, un compañero insidioso que nos sigue a todas partes. Nos debemos momentos de quietud, donde la mente pueda sanar. La quietud interior es nuestra clave para desarrollar fuerza exterior.

El Baile del Tiempo: "Simplemente no tengo tiempo", nos decimos a nosotros mismos. Sin embargo, el tiempo es tanto finito como elástico. Cuando priorizamos lo que realmente importa: el amor propio, la conexión, el crecimiento, el reloj se flexiona. Dejamos de hacer tiempo para trivialidades y, de repente, se abre una ventana. A través de esa ventana, vislumbramos el amor propio esperando pacientemente, llamándonos a dar un paso adelante.

En el gran teatro de la existencia, somos tanto los actores como el público. Nuestras caídas, nuestros miedos, nuestra quietud componen la sinfonía de nuestras vidas. Así que abracemos la caída, levantémonos con gracia y bailemos al ritmo de la resiliencia.

No todo lo que enfrentamos puede cambiarse, pero nada puede cambiar hasta que lo enfrentemos. El yoga nos enseña a enfrentar el miedo en lugar de huir de él. Úsalo como una fuente de energía para impulsarte en lugar de paralizarte como un ancla que te retiene.

La Historia de - "La Sabiduría del Árbol Banyan"

Érase una vez, en un sereno monasterio ubicado entre montañas cubiertas de niebla, vivía un joven monje llamado Kavi. El era conocido por su devoción inquebrantable a la meditación y su profundo entendimiento de las enseñanzas de Buda.

Una noche tormentosa, mientras la lluvia del monzón golpeaba contra las paredes de madera del monasterio, Kavi se sentó en el salón de meditación con las piernas cruzadas. La luz de las velas parpadeaba en su rostro sereno mientras contemplaba la naturaleza del sufrimiento. Afuera, el antiguo árbol banyan se alzaba alto, sus raíces retorcidas aferrándose a la tierra como los dedos de un viejo sabio.

El abad, el venerable Maestro Baba Rama, entró en el salón. Sus ojos, como ónix pulido, mostraban compasión y sabiduría. Se acercó a Kavi, vio el miedo en sus ojos y dijo: "Joven, la adversidad es como la tempestad que arremete contra el árbol banyan. Pone a prueba nuestra determinación, dobla nuestro espíritu y revela nuestra fuerza interior".

Kavi se inclinó respetuosamente. "Maestro Baba Rama, ¿cómo podemos transformar la adversidad en sabiduría"?

El abad señaló el árbol de banyan. "Observa sus raíces, Kavi. Las raíces que se hunden profundamente en el suelo buscan nutrición y estabilidad. Cuanto más fuertes son los vientos, más profundas crecen estas raíces, anclando firmemente el árbol. Pero cuidado con las raíces aéreas que cuelgan de las ramas. Toman el camino fácil para llegar al suelo, permaneciendo superficiales y débiles. Estas raíces carecen de la fuerza para resistir las tormentas.".

Kavi contempló el antiguo árbol. "¿Y qué nos enseña esto, Maestro"?

"La adversidad es inevitable", respondió el Maestro Baba Rama. "Nadie escapa de la vida sin cicatrices. Pero no es la adversidad en sí misma la que nos define; es nuestra respuesta. Las mentes negativas aceptan el destino pasivamente, como las raíces aéreas del banyan. Se tambalean con cada brisa, inestables y fácilmente arrancadas".

"¿Y las mentes positivas"? Preguntó Kavi.

"Las mentes positivas", continuó el abad, "son como las raíces profundas del banyan. Aceptan la adversidad, buscando crecimiento y aprendizaje. Así como las batallas moldean a los niños en hombres, la adversidad nos fortalece. Nuestros corazones se vuelven resilientes; nuestras mentes, firmes".

"Pero ¿qué pasa con el dolor, Maestro"? Preguntó Kavi. "¿Cómo encontramos consuelo"?

El Maestro Baba Rama sonrió. "El dolor es un mensajero, Kavi. Escucha su lección. Trata cada situación y persona como un maestro. ¿Qué puedes aprender de ellos hoy"?

Kavi asintió, absorbiendo la sabiduría. "¿Y cuando los obstáculos parecen insuperables"?

"Afila tu espada y elimina la apatía, para que puedas cortar más profundo y cambiar tus circunstancias", dijo el abad. "Inventa tu camino hacia adelante. La necesidad da a luz a la invención. Solo confrontando nuestros mayores miedos descubrimos nuestra verdadera fuerza. Nunca sabemos realmente cuán fuertes somos hasta que enfrentamos nuestro mayor miedo y no tenemos más opción que conquistarlo".

Desde ese día, Kavi meditó bajo el árbol banyan, sus raíces un recordatorio de la resiliencia. Cuando las tormentas de la vida rugían, las abrazaba, sabiendo que estaban moldeando su espíritu. Y cuando enfrentaba el dolor, escuchaba: al viento, a la lluvia, a los susurros de las hojas del banyan.

Y así, en la tranquilidad del monasterio, Kavi aprendió que la adversidad no era una enemiga, sino una maestra compasiva. Así como las raíces del banyan se mantenían firmes, él anclaba su corazón en la sabiduría, y su espíritu se elevaba como las ramas del antiguo árbol.

Que todos encontremos fuerza en la adversidad, como el árbol banyan con sus raíces profundas y su espíritu inquebrantable.

La Historia de – "Somos el Cielo y no las Nubes"

Imagina un avión despegando y siendo inmediatamente desafiado al navegar a través de un denso tapiz de nubes tormentosas. El horizonte una vez claro está oscurecido por un mar tumultuoso de gris, reflejando el estado desordenado de una mente inquieta. Dentro del capullo de la aeronave, la visibilidad se reduce a apenas unos pocos metros más allá de las ventanas, una metáfora de la perspectiva limitada que a menudo se tiene en medio de las turbulencias de la vida. El avión, al igual que el practicante de la atención plena, continúa su ascenso constante, sin verse obstaculizado por el caos que lo rodea.

Dentro de la cabina, la calma y el enfoque del piloto sirven como un faro de estabilidad. Cada decisión se toma con atención plena, cada acción una respuesta deliberada al momento presente, sin verse afectada por la furia de la tormenta. Esto refleja la esencia de la práctica de la atención plena: el cultivo de una calma interior, una conciencia serena que permanece inquebrantable ante las tormentas externas de la vida. Los pasajeros, confiando su seguridad al piloto, son recordados sobre la importancia de la confianza, en sí mismos, en el proceso y en el viaje de la vida.

Entonces, casi como por un milagro, el avión atraviesa la capa final de nubes, emergiendo en un reino de cielos azules sin límites. La claridad repentina y la inmensidad del cielo abierto representan el potencial de la mente para la paz y la expansión cuando uno navega a través de las tormentas de pensamientos y emociones con atención plena. La luz del sol, cálida y envolvente, baña a todos en su interior con una luz de despertar, simbolizando la iluminación que proviene de una comprensión profunda y claridad mental.

Esta transición de la tormenta a la serenidad refleja el viaje transformador de la atención plena. Es un recordatorio vívido de que no importa la gravedad de la tormenta, el cielo más allá está perpetuamente claro y sereno. Mi padre solía decir: "Esto también pasará. Puede sentirse como un cálculo renal, pero pasará".

Las nubes de duda, miedo e inquietud son obstáculos temporales en el camino hacia la paz interior. Así como el avión continúa su vuelo, confiando en su capacidad para alcanzar cielos más claros, así también debemos seguir adelante en nuestro viaje de atención plena, sabiendo que la tranquilidad y la claridad yacen justo más allá de las nubes de nuestros problemas actuales.

"Tú eres el cielo. Todo lo demás, es solo el clima".

– Pema Chödrön

CAPÍTULO DOCE – TOMA EL CAMINO DE MENOR RESISTENCIA

En las cámaras silenciosas de la retrospección, donde los ecos de nuestro pasado reverberan, descubrimos una verdad profunda: nuestros logros más significativos en la vida nacieron de la adversidad. Como la flor de Loto que florece espléndidamente desde aguas turbias, nuestro viaje hacia el propósito y la realización (nuestra verdad / dharma) a menudo comienza en el crisol de la lucha.

A menudo, el camino de menor resistencia no te lleva a los lugares de la vida con las vistas más hermosas, ya que esos son los caminos más desafiantes. Por lo general, debes trabajar por la mejor vista, superando lo que parece imposible, siendo paciente en el viaje para no perder la esperanza.

La persona que insiste en ver con claridad perfecta antes de decidir, nunca decide. Para terminar con certeza, primero debemos comenzar con duda. En el Tao se dice: "El viaje de mil millas comienza con un solo paso. El primer paso de cualquier viaje es el más difícil, pero paso a paso uno viaja lejos. Para mover una montaña, primero debemos comenzar moviendo una piedra". El único viaje imposible es aquel que nunca comienzas.

La sabiduría Budista nos enseña que el camino hacia la iluminación está sembrado de desafíos; cada cicatriz, cada prueba, es un testimonio de nuestro crecimiento. Estas pruebas, aunque desalentadoras, son los cinceles que moldean nuestro carácter. Tallan la resistencia en nuestras almas, grabando un mapa de coraje y tenacidad. Nuestras cicatrices se vuelven sagradas, porque nos recuerdan que la transformación no es indolora; son los dolores del parto del renacimiento.

El miedo, paradójicamente, se convierte en nuestro termómetro. Cuando nuestras metas nos provocan temor, sabemos que estamos en el camino correcto. Porque las aspiraciones que susurran comodidad son simplemente susurros de mediocridad. Los sueños que encienden nuestros corazones y nos persiguen por las noches, esos son los que nos impulsan más allá de lo mundano. Nos llaman a ascender, a estirar nuestras alas y elevarnos hacia el sol.

Y así, nos aferramos a nuestras raíces invisibles, esos anclajes ocultos que nos atan a la resistencia. Así como las raíces de un árbol se adentran profundamente en la tierra, nuestra fuerza interior se hunde en el lecho de roca de nuestro ser. Nos sostiene mientras escalamos la montaña de la existencia, paso a paso arduo. La felicidad y la comprensión nos esperan en la cumbre, bañadas en la luz dorada de la sabiduría. Tomando consuelo en saber que no hay nada más hermoso que una sonrisa que ha luchado a través de lágrimas.

Una vez que alcanzamos la cima de cualquier desafío que enfrentemos y miramos hacia atrás, nos daremos cuenta de que no fue solo la montaña la que conquistamos, sino más importante aún, nuestros miedos. Superando ese diálogo interno negativo en nuestras mentes, que nos dice que no somos lo suficientemente buenos o que no merecemos el éxito. Nuestro potencial solo está limitado por nuestra imaginación, pero tan a menudo se ve frenado por nuestros miedos.

En el gran tejido de la vida, nuestras cicatrices no son imperfecciones; son los hilos que tejen nuestra historia. Celebremos, porque son el oro alquímico que transforma el sufrimiento en propósito. Mientras ascendemos, honremos nuestra resistencia _ el héroe silencioso que susurra: "Eres suficiente, mereces esto".

La Historia de - "La Resiliencia Arraigada del Bambú"

El bambú, a menudo aclamado como la biomasa de más rápido crecimiento en nuestro planeta, alberga un secreto. Pero no seamos demasiado apresurados en nuestras suposiciones.

El bambú, esa elegante hierba, no florece con frecuencia. Es un alma paciente, que requiere de 65 a 120 años de existencia antes de siquiera considerar florecer. Sin embargo, cuando lo hace, orquesta una sinfonía de supervivencia. En un fenómeno conocido como floración gregaria, el bambú estalla con semillas simultáneamente, incluso si están separadas por cientos de millas. Este espectáculo sincronizado abruma a los depredadores, asegurando que algunas semillas encuentren tierra fértil para brotar y prosperar.

Ahora, cambiemos nuestra mirada al Árbol de Bambú Chino. Su historia de crecimiento es una clase magistral en paciencia y resiliencia. Imagina esto: en el primer año después de plantar su semilla, no hay signos visibles de actividad. ¿El segundo año? Aún nada. Pasan el tercero y el cuarto año, y la tierra permanece sin ser alterada. Nuestra paciencia vacila; las dudas se insinúan. ¿Son en vano nuestros esfuerzos?

Pero entonces, en el quinto año, un milagro se despliega. El crecimiento estalla, y no es un crecimiento ordinario. El Árbol de Bambú Chino se dispara 80 pies en apenas seis semanas. Imagina presenciar un aumento de 36 pulgadas en solo 24 horas. Casi puedes marcar la hora por su marcha ascendente, avanzando a un ritmo de hasta 1.6 pulgadas por hora.

Ahora, aquí está el giro: ¿El Árbol de Bambú Chino durmió durante cuatro años, solo para explotar en un crecimiento exponencial en el quinto? No del todo. Debajo de la superficie, oculto a nuestros ojos impacientes, estaba ocupado creando un sistema de raíces robusto, una base lo suficientemente fuerte como para soportar el peso de sus aspiraciones imponentes.

Y así es con las personas. ¿Atajos en la vida? Meras ilusiones. No hay un elevador místico hacia el éxito, ni una ruta expresa hacia la iluminación. En cambio, subimos una escalera retorcida y en espiral, cada paso una lección, cada giro una oportunidad.

Cuando miramos hacia atrás, nos damos cuenta de que cualquier cosa valiosa que hayamos logrado en nuestras vidas, originalmente nos había marcado y desafiado. Si tus metas no te asustan un poco, es probable que estés apuntando demasiado bajo. Nuestra resiliencia, como esas raíces invisibles, nos sostiene mientras ascendemos hacia la felicidad y la comprensión.

Recuerda esto: La resiliencia arraigada es nuestro verdadero compañero en este viaje.

CAPÍTULO TRECE - NUNCA PUEDES TENER SUFICIENTE

En nuestras vidas modernas, marcadas por el ritmo frenético, parece que estamos perpetuamente persiguiendo más: más éxito, más posesiones, más experiencias. Sin embargo, en medio de esta búsqueda implacable, a menudo olvidamos detenernos y apreciar lo que ya tenemos. El yoga, con su sabiduría ancestral, nos despierta suavemente; recordándonos que "suficiente" es una palabra poderosa y que trasciende la acumulación material.

Considera las bendiciones que tenemos: el calor del sol en nuestra piel, la risa de nuestros seres queridos, el simple placer de una comida compartida. Estos son los hilos que tejen la estructura de nuestra existencia. Cuando cambiamos nuestro enfoque de lo que falta a lo que abunda, comenzamos a discernir lo esencial de lo frívolo.

Los aborígenes australianos expresan esto de manera hermosa: "Todos somos visitantes en este tiempo, en este lugar. Solo estamos de paso. Estamos aquí para observar, aprender, crecer, amar y luego regresar a casa". La vida se desarrolla rápidamente, como una brisa fugaz. En medio de esta prisa, debemos detenernos intencionalmente, para saborear el gusto de cada momento, para maravillarnos con los detalles intrincados de la existencia.

Sin embargo, ¿cuántas veces nos encontramos físicamente presentes, pero mentalmente ausentes? Nuestros cuerpos se mueven a través de las tareas del día, mientras nuestras mentes corren adelante, perpetuamente en modo "me tengo que ir". En esta prisa, pasamos por alto los milagros cotidianos: la delicada flor que se despliega en nuestro camino, el caleidoscopio de colores en un atardecer, el suave roce de las gotas de lluvia en un cristal.

El yoga remonta sus raíces a la tradición tántrica, que nos invita a involucrar todos nuestros sentidos plenamente. Nos susurra que Dios nos habla con sutilezas: una hoja que se mueve, una sonrisa fugaz, una mañana besada por el rocío. Pero nuestro diálogo interno, como un arroyo ruidoso, a menudo ahoga estos susurros. Nos perdemos la magia tejida en nuestro entorno: la sinfonía del canto de los pájaros, la textura de la corteza de un árbol, la maravilla en los ojos de un niño.

La próxima vez que te apresures al trabajo, detente. Observa la frágil flor que se despliega solo para ti. Levanta la mirada al cielo; deja que los tonos del atardecer se impriman en tu alma. Siente la brisa besar tus mejillas y encuentra la mirada curiosa de un niño en la caja registradora del supermercado. Estos son los regalos efímeros, la poesía de la existencia, que desaparecen cuando nuestra mente divaga en otro lugar.

Gratitud Matutina: Una Práctica Simple con Impacto Profundo

Cada mañana, cuando la conciencia me abraza suavemente, me sumerjo en una pequeña meditación de gratitud. Antes de que mis ojos se abran por completo, antes de alcanzar mi teléfono o salir de la cama, hago una pausa y me pregunto: "¿Por qué estoy agradecido hoy?" Es un diálogo tranquilo con mi alma, un momento para reconocer las bendiciones que se entrelazan en mi existencia.

La belleza radica en su simplicidad. Cada día se desenvuelve de manera única. A veces, es la grandeza: el poder de una tormenta eléctrica o el calor del tacto de un ser querido. Otras veces, son las cosas aparentemente triviales: el aroma del café recién hecho, la suavidad de mi almohada o la forma en que la luz del sol baila en el suelo.

¿Por qué comienzo mi día de esta manera? Porque la gratitud es mi brújula. Me orienta hacia el corazón de la vida, donde reside la alegría. Y te invito a unirte a mí en este viaje.

Te pediría que lo intentaras durante dos semanas, solo un momento cada mañana. Observa cómo transforma no solo el comienzo de tu día, sino también tu percepción de la realidad. A medida que cultivas la gratitud, te conviertes en un imán para más bendiciones. La vida responde a tu apertura, componiendo magia en lo ordinario.

Nuestra existencia es un lienzo pintado con milagros: el rocío goteando de los pétalos de una flor, el sonido juguetón de un pájaro por la mañana, los secretos susurrados del viento soplando entre las hojas. Sin embargo, a menudo pasamos corriendo, persiguiendo los "mañanas". Detengámonos. Calmémonos, abramos bien nuestros sentidos y disfrutemos la belleza que nos rodea.

El futuro llama, pero hoy es un regalo, un exquisito tapiz de momentos fugaces. No te lo pierdas. Porque dentro de lo ordinario yace lo extraordinario, esperando ser visto.

La Historia de - "Una vida sencilla: El Pescador Griego"

Un empresario estaba de vacaciones en Santorini, una pequeña isla griega. No podía dormir, así que decidió caminar por el muelle. Vio un pequeño bote con un solo pescador dentro. El bote estaba lleno de varios atunes aleta amarilla muy grandes.

"Wow, esos son peces impresionantes. ¿Cuánto tiempo te llevó atraparlos?", preguntó el empresario al pescador.

"No mucho en absoluto", respondió el pescador.

"Entonces, ¿por qué no te quedas más tiempo y pescas más?", sugirió el empresario.

"Tengo suficiente para mi familia y algunos amigos", dijo el pescador, mientras cargaba los atunes en un carrito con ruedas.

"Pero ¿qué haces con el resto de tu tiempo?", se preguntó el empresario.

El pescador sonrió y dijo: "Disfruto de mi vida. Duermo hasta tarde, pesco un poco, juego con mis hijos, tomo una siesta con mi esposa y camino al pueblo por la noche, donde bebo vino y toco la guitarra con mis amigos".

El empresario se rio y dijo: "Señor, soy un banquero de inversiones de Nueva York. Tengo una Maestría en Administración de Empresas en Harvard y puedo ayudarte. Deberías pescar más y vender los peces adicionales. Con el dinero, podrías comprar un barco más grande y pescar aún más peces. Pronto, podrías tener una flota de barcos pesqueros y vender tus peces directamente a los clientes. A esto lo llamamos integración vertical; podrías controlar todo el negocio, desde la producción hasta la distribución. Por supuesto, tendrías que mudarte a Atenas para gestionar tu creciente imperio".

El pescador preguntó: "Pero, señor, ¿cuánto tiempo tomaría todo esto?"

"Unos 10 a 15 años, tal vez 20 como máximo", dijo el empresario.

"¿Y luego qué?", preguntó el pescador.

El empresario sonrió y dijo: "Esa es la mejor parte. Cuando sea el momento adecuado, podrías salir a la bolsa y vender las acciones de tu empresa en el mercado y hacerte muy rico. Harías millones".

"¿Millones? ¿Y luego qué?", preguntó el pescador.

El empresario dijo: "Entonces podrías retirarte y mudarte a un pequeño pueblo pesquero, donde podrías dormir hasta tarde, pescar un poco, jugar con tus hijos, tomar una siesta con tu esposa y caminar al pueblo por la noche, donde podrías beber vino y tocar la guitarra con tus amigos".

CAPÍTULO CATORCE – MANTÉN TU MIRADA EN EL PREMIO

Aunque las metas cumplen su propósito, en nuestras vidas modernas a menudo nos obsesionamos demasiado con alcanzarlas. Creamos listas de tareas o cosas por hacer, marcando diligentemente cada una a medida que las realizamos, sin embargo, dejamos de apreciar la esencia misma del viaje. La felicidad no radica únicamente en alcanzar el destino, sino en los pasos que damos en el camino.

En las enseñanzas del Tao, Lao Tzu sabiamente dijo: "Un buen viajero no tiene planes fijos y no está empeñado en llegar". Esto nos recuerda que debemos abrazar el camino que se despliega, en lugar de aferrarnos a planes rígidos. Los caminos se crean caminando y no esperando y planificando.

Curiosamente, a menudo son los segmentos más desafiantes de nuestro viaje los que ofrecen las vistas más impresionantes. Amelia Earhart afirmó acertadamente: "La aventura vale la pena en sí misma". Entonces, incluso cuando nos sentimos a la deriva, incapaces de discernir nuestro camino exacto, recuerda que los caminos se revelan a medida que caminamos.

Vagar no equivale a estar perdido; significa apertura al descubrimiento y la belleza de lo desconocido.

La Historia de - "El Buscador de Lotos"

En un pueblo escondido en las montañas azotadas por el viento de Katmandú, vivía un monje llamado Daido. Él era conocido por su insaciable sed de conocimiento. Pasaba sus días en tranquila meditación, buscando respuestas a las preguntas profundas de la vida.

Una mañana fresca, Daido decidió emprender una peregrinación. Ansiaba visitar el templo sagrado en la cima de la montaña más alta, el lugar donde los antiguos escritos susurraban secretos de iluminación. El viaje fue arduo, pero el corazón de Daido ardía de propósito.

Mientras ascendía por los senderos escarpados, Daido encontró a otros viajeros. Algunos eran peregrinos experimentados, con rostros grabados con sabiduría. Otros eran errantes, almas nómadas en busca de consuelo. Daido escuchaba sus historias, compartía sus escasas provisiones y ofrecía palabras amables. Entendía que cada viajero tenía su propio camino, su propia búsqueda de significado.

Un día, Daido conoció a una anciana llamada Sita. Sus ojos guardaban una vida de penas, y sus pasos vacilaban. Ella sostenía un mapa muy desgastado, cuya tinta casi se había desvanecido por el tiempo. "Joven monje", dijo, "busco el Lago de Flores de Loto, un lugar que se dice que contiene aguas curativas. ¿Puedes guiarme"?

Daido estudió el mapa. Sus líneas zigzagueaban, no llevaban a ninguna parte en particular. "Sita", dijo, "el verdadero camino está dentro de ti. Ese Lago no es un oasis lejano; reside en tu corazón. Busca la quietud y lo encontrarás".

Sita frunció el ceño. "Pero el mapa..."

Daido sonrió. "No todos los que vagan están perdidos. A veces, el vagar mismo es la peregrinación. Deja de lado el mapa y deja que tu corazón te guíe".

Sita dudó, luego dobló el mapa y lo guardó en su bolsa gastada. Juntos, continuaron su viaje. Daido compartió historias de compasión, del loto floreciendo en aguas turbias. Sita escuchaba, y sus pasos se hacían más ligeros.

Finalmente, llegaron al templo. Sus torres doradas tocaban el cielo, y el aire vibraba con antiguos cantos. Daido se inclinó ante el altar, sintiendo la presencia de innumerables buscadores que lo habían precedido. Sita se paró a su lado, lágrimas recorriendo sus mejillas curtidas.

"¿Es este el Lago de Lotos?" susurró Sita.

Daido negó con la cabeza. "No, mi querida amiga. El templo no es más que un reflejo. El verdadero Lago de Lotos yace dentro, donde la compasión se encuentra con la sabiduría. Es la quietud que florece incluso en medio del caos".

Sita cerró los ojos. En ese espacio sagrado, encontró consuelo. La Flor de loto floreció dentro de ella, una flor frágil pero resistente. Ya no necesitaba el mapa; su corazón se había convertido en su luz guía.

Mientras Daido descendía la montaña, se dio cuenta de que la iluminación no estaba confinada a picos elevados. Estaba en la bondad que mostraba, en las historias que escuchaba y en las risas compartidas. No todos los que vagaban estaban perdidos; simplemente estaban en diferentes caminos, buscando su propio loto interior.

Y así, Daido continuó vagando, sabiendo que el viaje mismo era el destino. Porque en el vagar, descubrió la verdad: "El secreto de tenerlo todo es saber que ya lo tienes".

Que tu propio viaje esté lleno de sabiduría, compasión y la floración de tu loto interior.

CAPÍTULO QUINCE – ALGUNOS VÍNCULOS SON MUY FUERTES PARA ROMPER

Nuestras vidas están entrelazadas por los hilos de hábitos y rituales diarios. Sin embargo, estos patrones suelen estar moldeados por las ilusiones condicionadas de nuestras mentes humanas. Nos vemos influenciados por las ilusiones propagadas por la sociedad, los medios de comunicación, la educación y la política, cada uno tratando de imponer sus puntos de vista y agendas sobre nosotros. En esta danza de conformidad, tendemos a seguir ciegamente, rara vez cuestionando o examinando la validez de estas narrativas.

El Budismo, con su sabiduría antigua, nos invita a despertar de este estado de ignorancia y confusión. Nos llama a ser más que simples reflejos de los demás, a convertirnos en lámparas para nosotros mismos. Imagina liberarte de las cadenas de la ilusión colectiva, forjando tu propio camino.

En su libro "Cuento de Navidad", Charles Dickens escribió: "Llevo la cadena que forjé en vida", respondió el Fantasma. "La hice eslabón por eslabón y yarda por yarda; me la puse por mi propia voluntad, y por mi propia voluntad la llevé. ¿Su patrón le resulta extraño?" De hecho, forjamos nuestras propias cadenas, ya sea consciente o inconscientemente, y las llevamos con el mismo sentido de propósito.

Hay momentos en los que nos sentimos atrapados por nuestras propias acciones y hábitos, como si existieran más allá de nuestro control. Sin embargo, oculta dentro de esta aparente impotencia yace una verdad profunda: la elección. Siempre tenemos la opción de cambiar, de liberarnos. Nuestra sabiduría innata y compasión pueden guiarnos a través del laberinto del sufrimiento, el nuestro y el de los demás.

Las palabras del Buda resuenan a través del tiempo: "Nadie nos salva sino nosotros mismos. Nadie puede. Nosotros mismos debemos recorrer el camino". Esta es la esencia de la libertad y la responsabilidad. Sostenemos el pincel que pinta nuestra realidad; decidimos lo que vemos y cómo respondemos. Entonces, amigo mío, que puedas vislumbrar el camino hacia la libertad en tu vida, un camino iluminado por tu propia lámpara interior y no siguiendo ciegamente la luz de otros.

La Historia de - "Cómo entrenar a un elefante"

En la quietud del bosque, donde los árboles antiguos susurran su sabiduría, existe un cuento, una parábola tejida en el mismo tejido de la existencia. Habla de un elefante, no meramente carne y hueso, sino un recipiente de verdades más profundas.

Llevan al elefante bebé, con los ojos abiertos y curiosos, hacia una tienda vacía, un santuario de sombras. Allí, clavan un poste de hierro en la tierra, su formidable longitud alzándose hacia el cielo. Diez pies de resolución inquebrantable, anclados profundamente dentro del suelo. El aire zumba con anticipación mientras desenrollan una cadena, gruesa, implacable y fría como recuerdos olvidados.

Atan la cadena a uno de los pies del elefante bebé. Como siempre ocurre cuando se aplica fuerza, la reacción opuesta es resistencia. Su espíritu salvaje arde, una tempestad de desafío. Se esfuerza contra la cadena, los pies diminutos raspan contra el peso del destino. Pero los eslabones se mantienen firmes, y el poste permanece inflexible. La tierra misma parece susurrar: "Quédate, pequeño. Estás atado".

Los días se convierten en años, y el elefante ahora ha crecido por completo. Su marco, que alguna vez fue diminuto, ahora domina el espacio. Sin embargo, la restricción permanece, ahora una mera cuerda en comparación con la cadena de hierro que una vez lo aprisionó. Una cuerda delgada, casi translúcida, conecta a la bestia con una modesta estaca de madera. El elefante podría romperla con un pensamiento, un destello de intención.

Entonces, ¿por qué se queda? ¿Por qué no avanza, se libera y reclama su derecho de nacimiento: ¿la vasta extensión del bosque, las montañas distantes, el horizonte que llama?

La respuesta radica en la memoria condicionada, el eco de un tiempo cuando el mundo era más pequeño, cuando la cadena era irrompible. El joven elefante, con ojos tan anchos como lunas, había luchado y perdido. Aprendió el lenguaje de la cautividad, grabando la mentira en su propio cerebro: "No puedes escapar".

Y así, la poderosa criatura permanece, atada por un hilo frágil. Siente la presencia de la cuerda, un peso fantasma. Pero no prueba su fuerza. No sacude la pierna y ve cómo la cuerda se desliza. En cambio, permanece, prisionero de su propia historia, cautivo de la creencia.

Nosotros también llevamos nuestras cuerdas, las historias que nos contamos a nosotros mismos, las dudas susurradas que nos atan. Una vez fuimos pequeños, vulnerables, y creímos que los postes eran inamovibles. Ahora, como adultos, llevamos los hilos invisibles, los "no puedo" y "no debería", y olvidamos que poseemos la fuerza para romperlos.

Pero escucha atentamente. El bosque murmura secretos. El viento lleva ecos de liberación. El Buda mismo, bajo el árbol Bodhi, entendió esta verdad: no estamos atados por hierro o cuerda; estamos atados por nuestras mentes.

Entonces, amigo mío, recordemos nuestra naturaleza salvaje, el espíritu indomable que no conoce cadenas. Sacudamos el polvo de nuestros recuerdos y pasemos más allá de las estacas de duda. Porque no somos elefantes; somos buscadores de la verdad, viajeros de posibilidad. Y la inmensidad de la existencia espera a aquellos que se atreven a creer que: "Tengo lo necesario".

Pregúntate a ti mismo: "¿Qué cadenas llevo en la vida, creadas por mí mismo?" Permítete liberarte de la cautividad y volver a la naturaleza salvaje. Que tus pasos sean libres y que tu corazón conozca sus alas.

CAPÍTULO DIECISÉIS – SOLO LOS FUERTES SOBREVIVEN

Aunque la narrativa de la evolución a menudo enfatiza la supervivencia de los más fuertes y aptos, la evidencia científica revela que la verdadera capacidad de sobrevivencia no reside únicamente en la destreza física, sino también en la capacidad de aferrarse a la esperanza y adaptarse a las circunstancias cambiantes.

La esperanza, como un ancla en un barco desgastado por el clima, no nos protege de las tempestades de la vida. En cambio, estabiliza nuestra embarcación en medio de las olas furiosas. Permitidnos explorar esta metáfora:

La Fuerza del Anclaje: Imagina un pequeño bote a la deriva en un mar tormentoso. El ancla se sumerge en las profundidades, sus dientes de hierro aferrándose al fondo del océano. De manera similar, la esperanza se aferra a nuestra alma, proporcionando estabilidad cuando los vientos huracanados de la vida amenazan con volcarnos. No previene las tormentas; ancla nuestra determinación.

Las Tormentas Llegarán: Las tormentas, esos inevitables desafíos, barren nuestra existencia. Llegan sin ser invitadas, desgarrando nuestras velas, empapándonos en incertidumbre. Sin embargo, la esperanza susurra: "También esto pasará". No detiene el temporal; nutre nuestra resistencia.

El Baile de las Olas y el Ancla: El ancla no lucha contra las olas; se rinde a su fuerza. De igual manera, la esperanza no niega la adversidad; la abraza. Dice: "Mantente firme, porque las tormentas son transitorias". La esperanza no promete mares tranquilos; promete resiliencia.

Esperando la Calma: Mientras el barco se balancea, el ancla se mantiene firme. No apresura la partida de la tormenta; espera pacientemente. De manera similar, la esperanza no exige un alivio instantáneo; nos sostiene a través de las ráfagas. Nos recuerda que incluso en el caos, hay un orden subyacente.

Más Allá de la Supervivencia: La esperanza no es solo supervivencia; es prosperidad. El ancla no solo previene el desplazamiento; permite que el barco descanse, se repare y se prepare para vientos más favorables. De igual manera, la esperanza no es solo resistencia pasiva; es la promesa de renovación.

Así que, cuando las tempestades de la vida arrecien, recuerda tu ancla interior, la esperanza inquebrantable que te mantiene firme. No detendrá las tormentas, pero te mantendrá a flote hasta que el sol atraviese las nubes.

La Historia de - "Los Tres Psiquiatras"

En el corazón de Viena, durante el tumultuoso período previo a la Segunda Guerra Mundial, tres psiquiatras judíos se encontraron entrelazados en el intrincado tejido de la existencia humana. Cada uno tenía una lente única a través de la cual percibían la psique humana, y sus perspectivas eran tan diversas como los colores de un mandala.

Sigmund Freud, el venerable intelectual, se había sumergido en las profundidades de nuestras mentes, desentrañando el enigma de nuestros deseos. Su sabiduría susurraba que el placer era la fuerza primordial que nos impulsaba hacia adelante, el dulce néctar que alimentaba nuestras acciones y daba forma a nuestras vidas.

Alfred Adler, el segundo maestro, se encontraba en un precipicio diferente. Su mirada traspasaba el velo del placer, revelando una verdad oculta. Para Adler, el latido del corazón de la humanidad pulsaba con el ritmo del poder. Todos bailábamos al compás primordial de afirmar el control, anhelando elevarnos por encima de nuestra inferioridad percibida y grabar nuestra importancia en el lienzo de la existencia.

Y luego estaba Víctor Frankl, el psiquiatra novato, ansioso por recorrer el camino trazado por sus mentores. Pero el destino tejió una red cruel. A medida que se reunían las nubes de tormenta de la Segunda Guerra Mundial, los nazis arrojaron su ominosa sombra. Freud y Adler, luminarias del campo, huyeron de la oscuridad inminente. Pero los pasos de Frankl vacilaron, y se encontró atrapado, prisionero en un campo de concentración nazi durante cuatro años desgarradores.

Dentro de esos confines de alambre de púas, Frankl presenció una paradoja. Los robustos se marchitaron, consumidos por el sufrimiento, mientras que los aparentemente frágiles se aferraban a la vida, con tenacidad. ¿Por qué? ¿Qué fuerza los sostenía a través de este infierno?

Frankl reflexionó, trascendiendo el principio del placer de Freud. El placer era un eco distante en ese desolado campo de concentración. En cambio, vislumbró un destello de algo más profundo, una chispa que desafiaba la desesperación. No era placer; era significado. Las almas frágiles encontraron propósito en su sufrimiento, una razón para soportarlo. Se aferraban a hilos de esperanza, tejiendo significado en su existencia, incluso en medio del abismo.

En el crisol de la angustia, Frankl descubrió una verdad que trascendía el placer y el poder: el significado, el compañero silencioso que susurraba coraje a los débiles, resistencia a los rotos y propósito a los perdidos. Y así, contra todo pronóstico, se aferraban, no por placer, sino por la llama sagrada del significado, la esperanza ardía dentro.

En los anales de la psiquiatría, estos tres—Freud, Adler y Frankl—grabaron sus historias. Uno buscaba el placer, otro se aferraba al poder, pero el tercero, oh, el tercero buscaba el significado. Y en esa búsqueda, encontró una filosofía que resonaba a lo largo de las eras—una filosofía arraigada no en el hedonismo o la dominación, sino en la nobleza silenciosa del propósito.

Viktor E. Frankl, escribió la obra profunda y perdurable titulada "El Hombre en Busca de Sentido". En este conmovedor testimonio, Frankl relata sus experiencias desgarradoras durante la Segunda Guerra Mundial, donde luchó contra el sufrimiento, la pérdida y la crueldad humana. Pero dentro de esos confines desolados, descubrió un faro de esperanza—un método psicoterapéutico que trascendía la desesperación.

El enfoque de Frankl, conocido como logoterapia, buscaba iluminar el camino hacia el significado. Creía que el propósito era el faro que nos guiaba a través de las tormentas más oscuras de la vida. Tres caminos llevaban a este elusivo significado: completar tareas, cuidar a los demás o enfrentar el sufrimiento con dignidad inquebrantable.

En medio del alambre de púas y las sombras, Frankl observó una paradoja: aquellos que se aferraban a un propósito—conversaciones imaginadas con seres queridos, sueños susurrados del mañana— desafiaban las probabilidades de supervivencia. Su llama interior ardía más brillante que la crueldad que los envolvía. Mientras que los más fuertes y aptos no sobrevivirían.

Descubrió que la esperanza era la última emoción en morir en un ser humano. Sin esperanza, la gente sucumbiría al cruel destino de los campos.

Sin embargo, aquellos con una razón para vivir de alguna manera encontraban una manera de sobrevivir.

En los anales del pensamiento humano, "El Hombre en Busca de Sentido" se erige como un testimonio de la resiliencia, un himno al espíritu humano. Susurra a través de generaciones, recordándonos que incluso en el sufrimiento, la vida late con significado.

Así, nosotros también encontraremos nuestro significado, nuestra Estrella Polar, mientras navegamos por el laberinto de la existencia.

CAPÍTULO DIECISIETE – LA BELLEZA SE DESVANECE, PERO LA IGNORANCIA ES PARA SIEMPRE

Mientras el atractivo de la belleza física puede disminuir con el tiempo, nuestro intelecto posee una resiliencia inherente. Considera esto: si nos enfocamos únicamente en las apariencias externas, podemos percibir la belleza como fugaz. Sin embargo, el reino de la inteligencia trasciende esa transitoriedad.

La ciencia moderna profundiza en el intrincado funcionamiento de nuestro cerebro, desentrañando sus misterios. **La plasticidad neuronal**—la notable capacidad del cerebro para reconfigurarse a sí mismo—se erige como un testimonio de nuestra adaptabilidad cognitiva. Las lesiones cerebrales traumáticas, una vez consideradas insuperables, ceden ante terapias diligentes y tenacidad.

Nuestras mentes, similares a suelos fértiles, prosperan con el alimento. Lo que les proporcionamos da forma a nuestra salud mental e intelecto. La educación se convierte en el faro que disipa las sombras de la ignorancia.

Eckhart Tolle escribió: "Donde hay ira, siempre hay dolor debajo". En la sabiduría del Budismo, la dicotomía entre "bueno" y "malo" se disuelve. En su lugar, nos encontramos con una verdad más simple: conocimiento versus ignorancia. Cuando alguien nos inflige dolor, el corazón de un yogui se expande. Reconocen que es un acto nacido no de la malicia, sino de la ignorancia—una ignorancia que ciega al hacedor a las ondas de sufrimiento que crean.

Entonces, si la vida presenta desafíos, recuerda esto: la educación tiene la llave. Dentro de cada uno de nosotros yace un potencial sin explotar, similar al joven Thomas Edison en el cuento a continuación. Así como él aprovechó su genialidad, también podemos desbloquear nuestras capacidades latentes.

Como el fundador del Ashtanga Yoga, Pattabhi Jois, susurraba a sus discípulos: "Haz tu práctica, y todo se desplegará". Deja que estas palabras resuenen en tu ser, porque la sabiduría florece no en los pétalos de una flor marchita, sino en el núcleo luminoso del entendimiento.

La Historia de- "Thomas Edison y Nuestro Potencial"

A temprana edad, Thomas Edison regresó a casa después de la escuela, agarrando un sobre sellado. Su maestro le había confiado un mensaje destinado únicamente a su madre. Con anticipación, se lo entregó.

Cuando Nancy, la madre de Edison, desplegó y leyó la nota, sus ojos se llenaron de lágrimas. "¿Qué dice, madre?" preguntó Edison, con el corazón acelerado. Nancy respiró profundamente y leyó en voz alta: "Tu hijo es un genio. Esta escuela es demasiado limitada para su brillantez, carece del calibre de maestros necesarios para cultivar sus talentos. Por favor, hágase cargo de su educación".

Y así lo hizo. Nancy se convirtió tanto en maestra como en mentora, guiando a su hijo a través de territorios desconocidos. Poco sabían que esta decisión crucial daría forma a la historia. Thomas Edison, contra todo pronóstico, emergió como uno de los más grandes inventores del siglo.

Años más tarde, después del fallecimiento de su madre, Edison rebuscó entre las viejas pertenencias familiares. En un rincón olvidado de un cajón de escritorio, descubrió un papel doblado. Al desplegarlo, las palabras grabadas en él lo golpearon como un rayo: "Tu hijo sufre de discapacidades severas de aprendizaje y deficiencias mentales. Lamentablemente lo expulsamos de nuestra escuela".

Edison lloró, sus lágrimas fueron un testimonio de la resiliencia del espíritu humano. En su diario, escribió estas palabras: "Thomas Alva Edison, una vez considerado mentalmente deficiente, se transformó en el genio del siglo, una transformación alimentada por el amor inquebrantable y la determinación de una madre heroica".

CAPÍTULO DIECIOCHO – ES MEJOR RECIBIR QUE DAR

Una relación exitosa requiere equilibrio y esfuerzo mutuo. Mi papá, quien ha estado casado con mi mamá durante 65 años, siempre me dijo: "Una relación solo funciona si ambas personas ponen el mismo esfuerzo honesto". Lo comparó con un carruaje tirado por caballos. "Los caballos deben halar su peso equitativamente. De lo contrario, el carruaje no irá a ninguna parte y solo dará vueltas en círculos".

Sin embargo, algunas personas terminan en relaciones desequilibradas. Esto puede suceder en el trabajo, con amigos o con tu pareja. Una relación parasitaria es aquella en la que una persona toma constantemente más de lo que da. Cuando nos enfrentamos a esta situación, tenemos una elección que hacer. Podemos pedirles que devuelvan igualmente, aceptar este comportamiento completamente o terminar la relación.

En las sesiones de masaje terapéutico que ofrezco en nuestro centro, he sido testigo de pacientes que luchan por superar una relación fallida. En muchos casos, descubro que comenzaron la relación con un desequilibrio por lo que estaba condenada al fracaso. Para algunos, su plan de jubilación era tristemente encontrar una pareja rica que los cuidara. Eso nunca funciona bien. Cuando el único activo del tomador, como la atracción física, se desvanece, la relación se desmorona.

Una cara hermosa envejecerá y un cuerpo perfecto cambiará, pero un alma hermosa siempre será un alma hermosa. Si quieren salvar la relación, deben dar tanto como reciben. Me esfuerzo mucho por enseñar, especialmente a las mujeres en mi vida, a ser independientes.

Otros están en el lado opuesto de la ecuación. Dan hasta que no les queda nada. Pierden el afecto y respeto por su pareja. Acumulan resentimientos que se vuelven tóxicos. Necesitan recordar que son los dueños de su propio destino.

Un viejo proverbio Nativo Americano dice: "No puedes despertar a alguien que finge estar dormido". Esto significa que no puedes cambiar a los demás si no quieren cambiar. Antes de intentar cambiar a los demás, recuerda lo difícil que es cambiar tú mismo. No puedes enseñarle algo a alguien que cree que ya lo sabe. La única persona que puedes cambiar eres tú mismo.

Con sabiduría, aprendemos lo que necesitamos y lo que necesitamos dejar ir. Qué puentes cruzar y cuáles necesitamos quemar. Algunas personas no están destinadas a quedarse en nuestras vidas. Algunos cambios no son lo que queremos, sino lo que necesitamos para nuestra salud mental. A veces, alejarse es la mejor manera de avanzar.

Jack Canfield escribió: "Si te rodeas de personas fuertes y positivas, es mucho más probable que veas un mundo de oportunidades y aventuras". La vida es preciosa. Aprecia a las personas que amplían tus horizontes, te traen alegría y te aman incondicionalmente. Rodéate de aquellos que te levantan, no de aquellos que solo toman y te arrastran hacia abajo.

La Historia de – "Los Dos Mares"

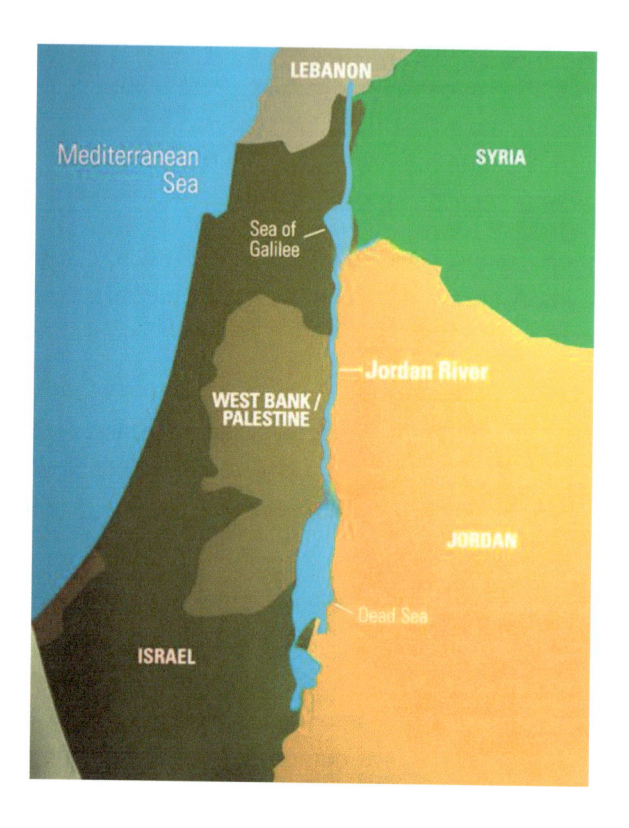

En la tierra de Israel, hay dos cuerpos de agua que reciben agua de la misma fuente, el Río Jordán. Uno es el Mar de Galilea, un lago brillante lleno de peces y vida abundante, rodeado de vegetación y flores. Es un lugar de belleza y alegría, donde la gente viene a pescar, nadar y relajarse. El otro es el Mar Muerto, una vasta piscina de sal y minerales. Es un lugar de desolación y decadencia, donde nada sobrevive por mucho tiempo.

¿Qué hace que estos dos mares sean tan diferentes cuando ambos reciben agua del mismo río? La respuesta es simple: el Mar de Galilea da tanto como recibe, mientras que el Mar Muerto solo recibe y nunca da. El Mar de Galilea deja que el agua fluya a través de él, nutriendo la tierra y la vida que lo rodea. El Mar Muerto acapara el agua, guardándola para sí mismo, hasta que se evapora y se vuelve amarga y venenosa.

Estos dos mares son como dos tipos de personas en el mundo: aquellos que son generosos y aquellos que son codiciosos. Aquellos que son generosos comparten lo que tienen con otros, y a cambio reciben felicidad y paz. Aquellos que son codiciosos se aferran a lo que tienen, y a cambio sufren de insatisfacción y miseria.

Esta es la enseñanza del Buda, quien dijo: "Dar trae felicidad en cada etapa de su expresión. Experimentamos alegría al formar la intención de ser generosos. Experimentamos alegría en el acto real de dar algo. Y experimentamos alegría al recordar el hecho de que hemos dado".

El Buda también enseñó que todo en este mundo es impermanente e interdependiente, y que aferrarse a cualquier cosa como si fuera permanente e independiente es la causa del sufrimiento.

Por lo tanto, seamos como el Mar de Galilea, y no como el Mar Muerto. Demos libre y alegremente, y no nos aferremos egoísta y miserablemente. Reconozcamos la verdadera naturaleza del mundo, y no nos dejemos engañar por sus ilusiones. Este es el camino hacia la felicidad y la liberación.

CAPÍTULO DIECINUEVE – SI NO TE GUSTA LA RESPUESTA, HAZ OTRA PREGUNTA

Algunas personas dicen que la oración es una forma de pedir intervención o de dar gracias, pero la meditación es una forma de escuchar. Rumi escribió: "Hay una voz en nosotros que no tiene palabras, escucha".

No importa si crees en un poder superior o no. No importa cuál sea tu fe o religión. Cuando meditas, calmas tu mente y dejas que tu alma hable. ¿Es esta la voz de Dios o algo más? Eso depende de ti decidirlo.

Pero a veces no nos gusta lo que escuchamos. A veces nos aferramos a nuestras expectativas y esperanzas; ignoramos la realidad que nos espera. A veces perdemos las oportunidades que están justo frente a nosotros, porque estamos demasiado ocupados persiguiendo las que nunca existieron.

La Historia de – "A menudo, Dios nos da respuestas, pero queremos escucharlas en nuestros propios términos"

Paul era un hombre devoto que confiaba en Dios con todo su corazón. Vivía en un valle cerca de una represa. Una mañana, la represa se rompió y el valle comenzó a inundarse.

Un vecino llegó a su casa y gritó: "¡Paul, date prisa! La represa se rompió y todo el valle se está inundando. Ven conmigo ahora...".

Paul respondió: "Gracias, pero tengo fe en Dios. Él cuidará de mí y me protegerá. Tú ve adelante".

El nivel del agua subió y la casa comenzó a llenarse de agua. Otro vecino pasó en bote y dijo: "Paul, ven rápidamente. Tu casa está a punto de sumergirse bajo el agua. ¡Tienes que irte ahora!".

Paul dijo: "Gracias, pero tengo fe en Dios. Él cuidará de mí y me protegerá. Tú ve adelante".

Pronto, el agua cubrió la casa y Paul tuvo que subir al techo, donde se sentó y rezó. Un helicóptero de la Guardia Costera voló sobre él y lo vio. Dijeron por el altavoz: "Señor, estamos aquí para rescatarlo. Vamos a bajar una canasta y lo levantaremos a salvo".

Paul dijo: "Gracias, pero tengo fe en Dios. Él cuidará de mí y me protegerá. Tú ve adelante".

En unos minutos más, el agua inundó la casa y Paul se ahogó. Cuando llegó al Cielo, vio a Dios y dijo: "¿Qué pasó, Dios? Tenía fe en que me protegerías y me mantendrías a salvo. ¿Cómo permitiste que muriera?".

Dios dijo: "Paul, ¿qué más podría haber hecho? ¡Primero te envié un auto, luego un bote y finalmente un helicóptero!"

La historia de Paul y la inundación ilustra la importancia de la fe y la práctica. La fe (saddhā, śraddhā) es un compromiso sereno con las enseñanzas de la atención plena y con los seres iluminados, como Jesús, el Buda, Muhammad o bodhisattvas. Un bodhisattva es una persona que está en el camino para convertirse en un ser iluminado, pero todavía está aquí para ayudar a otros. La práctica son las acciones concretas en las que nos involucramos basadas en la fe, como la meditación, la conducta ética y el servicio compasivo.

Paul tenía fe en Dios, pero no practicaba su fe. No prestó atención a las advertencias de sus vecinos, que fueron enviados por Dios para rescatarlo. No tomó medidas para salvarse a sí mismo de la inundación. No se dio cuenta de que la ayuda de Dios venía en varias formas y que tenía que cooperar con la voluntad de Dios. Estaba apegado a su propia idea de cómo Dios debería salvarlo y rechazó la realidad de la situación. Fue pasivo, arrogante e ignorante.

El Budismo enseña que la fe y la práctica son inseparables e interdependientes. La fe nos inspira a practicar, y la práctica profundiza nuestra fe. La fe sola no es suficiente; también necesitamos aplicar nuestra fe en nuestra vida diaria y usar nuestra sabiduría y compasión para enfrentar los desafíos que enfrentamos.

La práctica sola no es suficiente; también necesitamos tener fe en las enseñanzas del Dharma y confiar en la guía de los seres iluminados. La fe y la práctica son las dos alas de un pájaro que nos permiten volar hacia el estado de la Budeidad, el objetivo final del Budismo.

La moraleja de la historia es que no debemos confiar solo en la fe, sino también en la práctica. No debemos ser complacientes, sino proactivos. No debemos ser tercos, sino flexibles. No debemos estar ciegos, sino conscientes. No debemos ser necios, sino sabios. No debemos ser egoístas, sino altruistas. No debemos estar engañados, sino iluminados. No debemos ser como Paul, sino como el Buda.

CAPÍTULO VEINTE – LA ÚNICA MANERA DE DETENER EL CAMBIO ES RESISTIRLO

La transformación es un viaje que todos debemos atravesar en la vida. No siempre es fácil, ni placentero. Puede ser solitario, caótico, difícil y doloroso. Pero también puede ser hermoso, gratificante, esclarecedor y liberador.

La transformación es el proceso de dejar ir lo que ya no nos sirve y abrazar lo que nos ayuda a crecer. Es el proceso de desprendernos de nuestro antiguo yo y emerger como nuestro nuevo yo. Es el viaje de dejar que nuestro ego se desvanezca y surja nuestra verdadera naturaleza.

El yoga es una herramienta poderosa para la transformación. Nos ayuda a conectar con nuestro cuerpo, mente y espíritu. Nos ayuda a equilibrar nuestra energía, calmar nuestras emociones y despejar nuestros pensamientos. Nos ayuda a alinearnos con nuestro propósito, valores y metas. Nos ayuda a cultivar conciencia, compasión y sabiduría.

La transformación no es un proceso lineal o predecible. Es un proceso dinámico y creativo. Involucra ciclos de cambio, desafío y crecimiento. Involucra momentos de crisis, confusión y duda. Involucra momentos de avance, claridad y confianza.

La transformación requiere coraje y resiliencia. Requiere que enfrentemos nuestros miedos, superemos nuestros obstáculos y abracemos nuestras oportunidades. Requiere que aceptemos nuestra realidad, nos adaptemos a nuestras circunstancias y actuemos según nuestro potencial. Requiere que seamos honestos y abiertos.

La transformación no es algo que nos sucede, sino algo que sucede dentro de nosotros. No es algo que podamos controlar, pero sí influir en ella. No es algo que podamos evitar, pero sí algo que podemos recibir con gusto.

La transformación es un proceso natural e inevitable. Es parte de la vida, y parte de nosotros. Es un regalo y una responsabilidad. Es un desafío y una oportunidad. Es un viaje y un destino.

La Historia de - "Transformación Personal"

Mientras respiras profundamente y relajas tu cuerpo, imagina que eres una oruga vagando por el Bosque de la Conciencia Amorosa. Eres curioso y alegre, explorando la belleza de la naturaleza y sintiendo el calor del sol. Tienes todo lo que necesitas, y estás contento con tu vida.

Pero un día, sientes una fuerza extraña y poderosa dentro de ti. Se siente como una presión que te empuja a cambiar. Estás asustado y confundido, y tratas de resistir esta fuerza. Pero cuanto más resistes, más dolor sientes. Te preguntas qué te está pasando y por qué.

Escuchas una voz en tu corazón, que te dice que confíes en el proceso y te entregues al flujo. Sientes un impulso de encontrar un lugar seguro, donde puedas prepararte para algo desconocido. Subes por una rama, hilas un hilo de seda y cuelgas boca abajo. Luego esperas.

Entras en un estado de meditación profunda, donde dejas ir tus pensamientos y emociones. Te concentras en tu respiración y tu luz interior. Sientes una conexión con la fuente de toda vida, la energía universal que fluye a través de todo.

Mientras meditas, tu cuerpo comienza a transformarse. Mudas tu piel de oruga y se forma una capa dura a tu alrededor. Estás encerrado en una crisálida oscura y apretada, similar a un capullo. Te sientes aislado y solo, y te preguntas si volverás a ver la luz alguna vez.

Recuerdas la voz en tu corazón, que te dice que confíes en el proceso y te entregues. Te das cuenta de que esta es una etapa necesaria de tu crecimiento, y que no estás solo. Estás apoyado por la energía universal y por todos los seres que han pasado por esto antes. Eres parte de un ciclo más grande de vida, muerte y renacimiento.

Sientes una nueva ola de fuerza y coraje desde adentro, que nunca antes habías sentido. Te sientes listo para liberarte de la crisálida y abrazar tu nuevo yo. Empujas contra el capullo y lo rompes. Emerges como una hermosa mariposa, con alas coloridas y un brillo radiante. Descubres que la fuerza no proviene de hacer lo que puedes hacer, sino de superar lo que primero creíste imposible.

Sientes un sentido de asombro y gratitud, al ver el mundo desde una nueva perspectiva. Ves el Bosque de la Conciencia Amorosa bajo una nueva luz, lleno de maravilla y magia. Sientes una conexión con todos los seres vivos y una compasión por su sufrimiento. Te das cuenta de que tienes un propósito y una misión, de difundir amor y alegría dondequiera que vayas.

Escuchas la voz en tu corazón, que te dice que confíes en el proceso y te entregues. Entiendes que esta es la esencia de la filosofía Budista y el camino hacia la iluminación. Eres una mariposa, y eres libre.

La Historia de - "La Hoja en el arroyo de la Conciencia"

En una aldea acunada por el abrazo de bosques susurrantes y montañas tranquilas, vivía Tenzin, un monje cuya sabiduría era tan vasta como los cielos sobre él. Sus percepciones sobre la naturaleza de la alegría y el dolor eran buscadas de lejos y de cerca, convirtiéndolo en un faro de iluminación en un mundo de sombras cambiantes.

Ingresa Maya, una joven buscadora cargada con las mareas oscilantes de sus emociones, quien se acercó a Tenzin con un corazón pesado. "Maestro Tenzin", imploró, "mi corazón cabalga en crestas de euforia solo para caer en valles de desesperación. ¿Cómo puedo anclarme en medio de estas aguas tumultuosas?"

Tenzin llevó a Maya a un arroyo murmurante, donde el baile del agua sobre la piedra susurraba antiguos secretos. Seleccionó una hoja que había caído en sacrificio silencioso y la colocó sobre el arroyo. "Observa esta hoja mientras viaja con el agua", la guio.

Mientras Maya observaba, la hoja se deslizaba con gracia, a veces girando en un vórtice juguetón, a veces avanzando con el ansioso flujo del arroyo. Maya escuchaba atentamente mientras Tenzin continuaba, "La hoja no se resiste al flujo del agua. No se aferra a la calma ni desespera en los rápidos. Simplemente permite que el arroyo guíe su viaje, sabiendo que cada giro y cada vuelta es parte de su camino".

"He aquí la hoja", dijo Tenzin, "nuestra felicidad también crece y disminuye, reflejando el ciclo infinito de las estaciones. Hay momentos en los que la alegría nos eleva alto y nos sentimos intocables. Sin embargo, llegan momentos en los que la tristeza nos atrapa, y luchamos por salir a flote".

"En la misma línea", continuó, "cuando la alegría te llena, déjala desbordar, iluminando el camino para los demás. Y cuando la tristeza llegue, acéptala, pues es solo un viajero que pasa. Recuerda, después de cada tormenta, el sol brillará; así es el camino de la felicidad".

Con los ojos ahora abiertos a la sabiduría de las palabras de Tenzin, Maya observó cómo la hoja desaparecía de su vista. Una calma serena la envolvió.

"Gracias, Maestro Tenzin", expresó, su sonrisa era un reflejo de una paz recién encontrada. "Ahora entiendo que la felicidad, como las estaciones, es siempre cambiante pero siempre regresa. Apreciaré cada momento, ya sea bajo el sol o entre las nubes, sabiendo que ambos esculpen el viaje de la vida".

Así, Maya se aventuró adelante, su espíritu aligerado, llevando consigo el ciclo eterno de la alegría y la tristeza con gracia, difundiendo las sabias palabras de Tenzin a cada alma buscadora que encontraba.

CAPÍTULO VEINTIUNO - NO ES MI CULPA

Descubrir la felicidad a través de la atención plena implica asumir el control de nuestra vida como piedra angular. Este concepto trascendental va más allá de simplemente aceptar las circunstancias; implica un profundo reconocimiento de que nuestra felicidad e infelicidad son en gran medida productos de nuestras percepciones, reacciones y narrativas internas.

Al abrazar la responsabilidad de nuestros estados emocionales, nos liberamos del esfuerzo a menudo infructuoso de asignar la culpa a factores externos o individuos por nuestro malestar. Este cambio de perspectiva no se trata de buscar culpas dentro de nosotros mismos, sino de reconocer nuestro poder para influir en nuestro propio bienestar.

Central en este empoderamiento está la noción de "ser dueño de tu respiración", una metáfora para tomar el control de lo único en la vida que realmente nos pertenece: nuestra respuesta al mundo que nos rodea. La respiración, en su simplicidad y constancia, es una herramienta para centrarnos y encontrar equilibrio, ofreciendo un camino hacia la paz interior independientemente del caos externo.

Cuando somos dueños de nuestra respiración, cultivamos un espacio dentro de nosotros mismos que es intocable por las circunstancias externas. Nadie puede robar nuestra felicidad o perturbar nuestra paz mental sin nuestro permiso implícito. Con el tiempo, valoramos tanto esta armonía, que cualquier cosa que amenace con quitar esta paz interior simplemente se vuelve demasiado costosa. Esta realización es liberadora, ofreciendo una sensación de serenidad que es profunda y perdurable.

La práctica de la atención plena, enraizada en las enseñanzas Budistas, nos guía a vivir en el momento presente, plenamente y sin reservas. Esta práctica ilumina la naturaleza transitoria de las emociones y pensamientos, revelando que nuestra esencia permanece intacta ante los dramas fugaces de la vida. Al cultivar una conciencia del presente, aprendemos a navegar por las mareas emocionales, sin quedar atrapados.

Esta conciencia nos permite experimentar las complejidades de la vida sin perder nuestra paz y felicidad fundamentales. Nos enseña que, aunque no podemos controlar cada aspecto de nuestro entorno, podemos dominar nuestras respuestas a él, siendo dueños de nuestro paisaje emocional. Nos da espacio para desacelerar, pensar racionalmente y no tomar decisiones a largo plazo basadas en problemas a corto plazo.

Abrazar la idea de que somos dueños de nuestra felicidad requiere un enfoque compasivo y no crítico hacia nosotros mismos o hacia los demás. Nos anima a ver nuestro viaje a través de una lente de crecimiento y comprensión en lugar de crítica y culpa. Este camino de propiedad y atención plena fomenta una felicidad profunda y duradera que no depende de las acciones o aprobación de otros, sino que está arraigada en nuestra propia fuerza interior y sabiduría. Al integrar estas prácticas en nuestras vidas, emprendemos un viaje transformador hacia una felicidad y paz sostenidas, guiados por la sabiduría atemporal de los principios Budistas.

Aunque caer en el papel de "víctima" puede parecer más fácil, ofreciendo un consuelo temporal frente a la adversidad, en última instancia conduce a una sensación de impotencia y estancamiento. Por otro lado, abrazar la idea del poder sobre los propios sentimientos y circunstancias allana el camino para un empoderamiento genuino. Esta postura proactiva anima a las personas a reconocer su capacidad para el cambio, fomentando la resiliencia y el crecimiento personal.

Aceptar la responsabilidad de nuestro estado emocional y condiciones de vida no se trata de culparnos por las desgracias, sino de recuperar el control sobre la narrativa de nuestra vida. Cambia el enfoque de las fuerzas externas a la fuerza interna, abriendo caminos hacia la curación, la transformación y, en última instancia, una experiencia de vida más satisfactoria. Este empoderamiento a través de nuestro poder enciende una transformación profunda, convirtiendo los obstáculos en oportunidades de crecimiento y autodescubrimiento.

La Historia de – "Hay un agujero en MI acera"

"Camino por la calle.

Hay un agujero profundo en la acera.

Caigo en él.

Estoy perdido… estoy indefenso.

No es mi culpa.

Toma una eternidad encontrar una salida.

Camino por la misma calle.

Hay un agujero profundo en la acera.

Fingiré que no lo veo.

Caigo de nuevo en él.

No puedo creer que esté en el mismo lugar.

Pero no es mi culpa.

Todavía me lleva mucho tiempo salir.

Camino por la misma calle.

Hay un agujero profundo en la acera.

Lo veo ahí.

Aun así, caigo. Es un hábito.

Mis ojos están abiertos.

Sé dónde estoy.

Es mi culpa. Salgo de inmediato.

Camino por la misma calle.

Hay un agujero profundo en la acera.

Lo rodeo.

Camino por otra calle".

— Portia Nelson, There's a Hole in My Sidewalk: The Romance of Self-Discovery

Esta historia sirve como una poderosa metáfora del viaje hacia la atención plena, destacando el proceso de tomar conciencia de los patrones propios, reconociendo la libertad de elección para alejarse de circunstancias negativas repetitivas, y finalmente abrazando la responsabilidad por las propias acciones para forjar un trayecto de vida más positivo.

CAPÍTULO VEINTIDOS – LOS GOLPES CONTINUARÁN HASTA QUE LA MORAL MEJORE

El origen exacto de la frase no está bien documentado. Ha sido atribuida de diversas maneras a prácticas marítimas, líderes militares y entornos corporativos duros, pero estas atribuciones son anecdóticas y no están respaldadas por evidencia sólida.

La frase es parte de una familia más amplia de refranes que surgieron alrededor de mediados del siglo XX y se ha encontrado en varias formas en publicaciones militares y navales, columnas de humor y piezas satíricas. Refleja un tema de larga data de comentarios satíricos sobre los absurdos de la autoridad, especialmente cuando esa autoridad es ciega al bienestar y la moral de sus subordinados.

La frase ha sido utilizada en varias formas a lo largo de los años, como "los despidos continuarán hasta que la moral mejore" y "no habrá libertad a bordo de este barco hasta que la moral mejore", reflejando un reconocimiento generalizado de lo absurdo de tratar de reforzar la moral a través de medidas punitivas.

En el viaje de la atención plena, el liderazgo trasciende los límites tradicionales de la autoridad, floreciendo en una fuerza inspiradora guiada por la sabiduría y la compasión. Ya sea dentro de la intimidad de nuestros hogares o en la complejidad del lugar de trabajo, la esencia de nuestro enfoque motivacional moldea profundamente los valores colectivos y la productividad.

En esta era consciente, la noción anticuada encapsulada por "Los golpes continuarán hasta que la moral mejore" contrasta fuertemente con los principios de una sociedad moderna. Reflexionar sobre historias como la Rebelión a Bordo, mientras que tales tácticas pueden haber servido temporalmente a figuras como el Capitán Bligh, en última instancia, resultaron insostenibles y perjudiciales.

El antiguo sabio romano, Publilio Siro, capturó la esencia del liderazgo consciente con su observación: "Puedes lograr con bondad lo que no puedes con la fuerza". Esta visión perdurable resalta el poder transformador de la motivación cuando está arraigada en la compasión y la empatía. Al nutrir un ambiente de respeto y refuerzo positivo, los líderes pueden encender una pasión y compromiso genuinos dentro de sus equipos o familias.

Haciendo eco de este sentimiento, Lao Tzu con su frase, "Quienes fluyen como la vida fluye saben que no necesitan otra fuerza", ilumina el núcleo del liderazgo consciente. Los líderes auténticos rechazan la coerción a favor de la armonía y la alineación con los ritmos naturales de la vida. Esta guía gentil alienta a los individuos a descubrir sus caminos únicos y contribuir con autenticidad.

Albert Einstein, reconocido por sus contribuciones a la física y la filosofía, articuló la ineficacia de la fuerza para lograr la paz: "La paz no se puede mantener por la fuerza; solo se puede lograr mediante la comprensión". Este principio es profundamente relevante en el liderazgo, donde la verdadera armonía emerge de una base de respeto mutuo y empatía. Esforzarse por comprender las perspectivas y necesidades de aquellos a quienes lideramos, fomenta un entorno propicio para la colaboración y el avance.

El Tao Te Ching nos ofrece una lección atemporal: "Ingresa no por la fuerza o la voluntad, sino solo por la suavidad". Este consejo sabio subraya la eficacia de la persuasión gentil y la empatía para superar desafíos. Los líderes que abrazan esta filosofía pueden trascender la resistencia, allanando el camino para el compromiso auténtico y el crecimiento colectivo.

El Tao nos enseña, además: "El agua es fluida, suave y flexible. Pero el agua desgastará la roca, que es rígida e inflexible". Esto ilustra el sutil poder de la suavidad y la adaptabilidad. Al encarnar estas cualidades, los líderes pueden navegar los desafíos con gracia y resistencia, estableciendo un ejemplo poderoso para que otros sigan.

Cuando intentamos imponer nuestra voluntad, ya sea en empresas mecánicas, relaciones personales o entornos profesionales, a menudo nos encontramos con resistencia. Esta es una reacción natural a la fuerza aplicada. Por otro lado, adoptar un enfoque suave y empático para la motivación puede requerir más tiempo y esfuerzo inicialmente, pero produce resultados mucho más duraderos y positivos en comparación con los resultados obtenidos a través de la fuerza.

La Historia de – "Los Gentiles Prevalecerán sobre los Fuertes"

En el corazón del antiguo Reino de Dhammapada, vivía un gobernante llamado Rey Suryaketu. Su reinado comenzó con gran ambición y mano firme, guiado por la creencia de que la fuerza y la autoridad eran los pilares de un liderazgo efectivo. Suryaketu, al igual que los líderes de antaño, se adhería al principio de que "Los golpes continuarán hasta que la moral mejore", un mantra que resonaba por los pasillos de su palacio y a lo largo de sus tierras. Sin embargo, a pesar de su poder y el miedo que inspiraba, su reino estaba plagado de disturbios, su pueblo descorazonado, y su corte llena de disidencia silenciosa.

En una noche de luna, mientras Suryaketu deambulaba por los jardines del palacio, se topó con un monje anciano llamado Vimala, quien estaba meditando bajo el antiguo árbol Bodhi. Intrigado por la serena presencia del monje, Suryaketu se acercó a él. Vimala abrió los ojos y, con una sonrisa gentil, invitó al Rey a sentarse a su lado. El Rey, conmovido por una sensación inexplicable de paz, compartió sus cargas y los desafíos de su reinado.

Vimala escuchó atentamente, luego habló suavemente, "Oh Rey, tu fuerza ha construido muros, pero la bondad construye puentes. Tus esfuerzos, arraigados en la fuerza, han sembrado semillas de resistencia. Pero a través de la compasión y la empatía, puedes nutrir un jardín de confianza y lealtad".

Estas palabras tocaron una fibra en el corazón de Suryaketu. El Rey se dio cuenta de que su control rígido había perturbado la armonía natural de su reino, al igual que una piedra perturbando las aguas tranquilas de un estanque.

Vimala explicó que la paz duradera no podía mantenerse por la fuerza bruta, sino que solo podía lograrse mediante la comprensión. El Rey Suryaketu entendió que la verdadera paz y prosperidad en su reino solo podían surgir del respeto mutuo y la empatía. El agua encarna la fluidez, la suavidad y la adaptabilidad. Sin embargo, tiene el poder de erosionar incluso la roca más resistente, que permanece inflexible e inamovible. Con su bondad, él podría esculpir cañones.

Inspirado por estas lecciones, el Rey Suryaketu emprendió un viaje transformador. Reemplazó sus decretos contundentes con diálogos abiertos, escuchando las necesidades y perspectivas de su pueblo. Abrazó la ética del liderazgo consciente, reconociendo que la verdadera autoridad proviene de inspirar y guiar con sabiduría y compasión. Lentamente, el reino se transformó. La gente, una vez descorazonada, ahora florecía bajo su gobierno gentil. La productividad y la felicidad florecieron como nunca antes, demostrando que la bondad y la comprensión tienen el verdadero poder de cambiar el mundo.

El legado del Rey Suryaketu se convirtió en un testimonio de la sabiduría perdurable de la atención plena y la compasión en el liderazgo. Su historia, transmitida de generación en generación, sirvió como un faro de esperanza y una guía para los líderes de todas partes, enseñando que la fuerza de un reino no reside en el poder de su gobernante, sino en los corazones de su gente, unidos por un líder que camina con ellos, con gentileza y empatía, hacia un futuro más brillante.

El Sesgo de Pensamiento grupal

El liderazgo, en su forma más efectiva, prospera en la diversidad de pensamiento y el diálogo abierto. Sin embargo, cuando los líderes sucumben al "sesgo del pensamiento grupal", las repercusiones en la toma de decisiones pueden ser significativamente perjudiciales.

El pensamiento grupal ocurre cuando el deseo de armonía o conformidad dentro de un grupo, resulta en un resultado irracional o disfuncional en la toma de decisiones. Es particularmente prevalente en entornos donde se desalienta el disentir y se valora el consenso por encima de todo lo demás. Este fenómeno a menudo conduce a la toma de decisiones deficientes, ya que el análisis crítico y los puntos de vista alternativos se dejan de lado en favor de la unanimidad.

Los líderes opresivos agravan este problema al rodearse de personas que siempre dicen "si," individuos que, por miedo o necesidad de complacer, se abstienen de ofrecer retroalimentación honesta o desafiar las ideas del líder. Esto crea una cámara de eco donde las únicas voces escuchadas son aquellas que hacen eco de las opiniones del líder, silenciando efectivamente el disentir y el pensamiento crítico. Las consecuencias de este tipo de liderazgo son muchas, llevando no solo a una toma de decisiones defectuosa, sino también a una cultura organizacional que sofoca la innovación y desalienta el intercambio saludable de ideas.

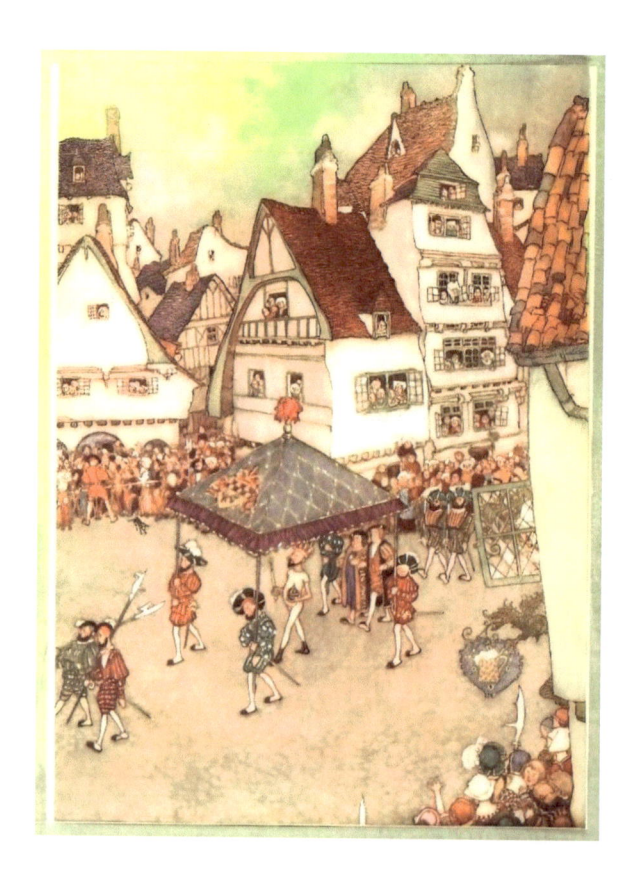

El cuento clásico de "El Traje nuevo del Emperador" de Hans Christian Andersen sirve como una ilustración conmovedora de estos conceptos. En esta historia, un emperador obsesionado con su apariencia y ropa es engañado por dos estafadores que le prometen un traje invisible para aquellos que no son aptos para sus posiciones o "irremediablemente estúpidos". Por temor a ser percibidos como inadecuados o poco inteligentes, todos, incluido el emperador, fingen ver la ropa magnífica. No es hasta que un niño, no afectado por las presiones de la conformidad y el miedo a represalias, exclama con sinceridad que el emperador no lleva nada en absoluto, que se rompe el hechizo del pensamiento de grupo. Esta narrativa resalta los peligros de un liderazgo que valora la apariencia y la conformidad sobre la verdad y la integridad. Demuestra cómo un entorno que no fomenta la retroalimentación honesta está condenado a la locura y al bochorno.

Esta historia y las implicaciones más amplias del pensamiento de grupo sirven como un recordatorio preventivo sobre la importancia de fomentar una cultura de comunicación abierta y análisis crítico dentro de cualquier estructura de liderazgo, ya sea en el hogar o en el trabajo. Los líderes deben buscar activamente perspectivas diversas y fomentar el disentir constructivo para evitar las trampas del pensamiento de grupo. Solo abrazando el coraje para enfrentar verdades incómodas y desafiar suposiciones, pueden los líderes tomar decisiones bien informadas y guiar a sus organizaciones hacia el éxito sostenible.

EPÍLOGO

Bueno, esto nos lleva al final de esta etapa de nuestro viaje juntos. Esto marca solo el comienzo del próximo paso en tu viaje de vida. Espero que nuestro tiempo juntos haya sido esclarecedor y haya contribuido a tu búsqueda de la felicidad.

Embarcarse en este viaje a menudo es más simple que llevarlo hasta el final; por lo tanto, prepárate como si estuvieras emprendiendo un largo viaje. Acepta cada día como si fuera el último, pero cultiva el conocimiento con la creencia de que vivirás para siempre.

Cuando encuentres tu espíritu menguando, permite que este libro te ayude a volver a llenar el combustible en tu lámpara de sabiduría, volviendo a iluminar tu luz interior. El Buda dijo: "Si sigues la luz de tu corazón, nunca te perderás y siempre encontrarás tu camino a casa".

La historia de tu vida es tuya para escribir, y mientras sostienes la pluma, recuerda, no hay atajos hacia ningún lugar que realmente valga la pena visitar. Acepta el trabajo, asume la responsabilidad y transforma tu existencia en una odisea valiente.

La vida es como un libro que no puedes simplemente dejar de lado. Debes leer cada palabra, cada escena, cada persona. Algunas partes te aburrirán; algunas partes te romperán. Enfrentarás cosas que preferirías evitar; te enamorarás de cosas a las que no podrás aferrarte. Lo que está destinado para ti te encontrará. Pero debes seguir leyendo. Las historias le dan significado y propósito a tu vida. Vive tu historia, no dejes que pase de largo, sino permítele desenvolverse como una hermosa flor.

Cada elección que hagas puede llevarte a un destino completamente diferente. Haciendo eco de la sabiduría del Buda, "Siempre estás en un nuevo comienzo". Nunca es demasiado tarde para navegar tu vida hacia la positividad, independientemente de la edad o las decisiones pasadas.

Perdónate por las veces que te quedaste más tiempo del necesario donde no deberías haberlo hecho. Por los momentos en que te descubriste volviendo al mismo lugar que te enfermaba, esperando sentirte mejor.

Quizás el momento óptimo para comenzar un cambio fue en el pasado lejano, pero el segundo mejor momento es ahora. Acepta la singularidad del presente, pues nunca volverás por este camino otra vez.

Nunca es demasiado tarde para encender la luz. Puedes romper cualquier mal hábito o detener cualquier pensamiento negativo, sin importar cuánto tiempo hayan estado contigo; puedes cambiar tu perspectiva, no importa cuánto tiempo hayas mantenido la antigua. Cuando enciendes el interruptor, no importa cuánto tiempo hayas estado en la oscuridad. La luz aún llena la habitación y ahuyenta las sombras, permitiéndote ver lo que antes no podías ver.

Mirando hacia atrás dentro de un año, celebrarás la valentía que mostraste al hacer los cambios de hoy. Controla tu respiración, nutre la paz dentro de tu mente, fortalece tu cuerpo y deja que tu corazón rebose de amor.

En palabras de Ram Das, "Solo estamos caminando uno al lado del otro hacia casa".

GRACIAS POR COMPARTIR ESTE VIAJE CONMIGO.

Por favor, mantente en contacto: www.energyyoga.com

@DAVID_YGLESIAS @ENERGY_YOGA

CURSOS DE ATENCION PLENA Y FORMACIÓN DE PROFESORES DE YOGA

Explora el camino para convertirte en un Instructor Certificado por la Alianza de Yoga con David Scott Yglesias, o adéntrate más en la Atención Plena o Mindfulness y mejora tu práctica de yoga a través de nuestra Universidad en Línea.

Para obtener más información, visita: energyyoga.thinkific.com/collections.

Energy Yoga and Wellness Online University presenta un enfoque de aprendizaje flexible para adaptarse a tus necesidades, ofreciendo cursos en tres formatos: totalmente en línea, una combinación de sesiones en persona y en línea, o completamente en persona. También ofrecemos Programas de Afiliados. Si tienes tu propio estudio de yoga y ofreces formación de profesores, puedes asociarte con nosotros y utilizar cualquiera de nuestros módulos para tu programa a cambio de una participación en los ingresos.

- Formación de Profesores de Yoga de 200 Horas Certificada por la Alianza de Yoga
- Formación de Profesores de Yoga de 300 Horas Certificada por la Alianza de Yoga
- El Arte de la Secuencia Vinyasa
- Anatomía, Fisiología y Salud Mental

SOBRE EL AUTOR
DAVID SCOTT YGLESIAS

David Scott Yglesias, nativo del sur de la Florida, siempre ha sentido una profunda conexión con el agua. Ya sea sumergiéndose en las profundidades del océano o surcando lagunas de manglares en tabla de remo, el agua salada corre por sus venas. Sin embargo, el viaje de David se extiende mucho más allá del mar.

En 2006, fundó Energy Yoga & Wellness Center en Doral, Florida, un santuario donde mente, cuerpo y espíritu convergen. Con más de 10,000 horas de experiencia práctica en enseñanza, David ha guiado a innumerables estudiantes a través de clases transformadoras de yoga y meditación. Su pasión radica en compartir la sabiduría ancestral del yoga con un toque de Budismo moderno.

Como E-RYT-500 registrado en la Alianza de Yoga, David no solo enseña, sino que también lidera formaciones de profesores de yoga. Su impacto se extiende por continentes, desde bulliciosas ciudades en China hasta los exuberantes bosques tropicales de América del Sur. A través de su guía, los aspirantes a profesores encuentran su voz y propósito, difundiendo la luz del yoga por todo el mundo.

Más allá del mat, David tiene muchas otras vocaciones. Es Terapeuta de Masaje con licencia y Kinesiólogo, fusionando la ciencia y la curación holística. Sin embargo, quizás lo más importante, es un devoto estudiante del Mindfulness. David se esfuerza por vivir según su código, cultivando presencia, compasión y gratitud en cada momento.

Gracias por unirte a David Scott Yglesias en este viaje consciente, donde el bullicioso mundo moderno converge con la serena introspección del alma y del conocimiento ancestral.

Made in the USA
Columbia, SC
27 September 2024